주일학교교사가 꼭 알아야 할

24가지 비결

WHAT EVERY SUNDAY SCHOOL TEACHER SHOULD KNOW:
24 SECRETS THAT CAN HELP YOU CHANGE LIVES

# 주일학교 교사가 꼭 알아야 할 24가지 비결

· 초판 1쇄 발행  2006년 12월 15일
· 초판 7쇄 발행  2016년 11월 25일

· 지은이  엘머 L. 타운즈 | 역자  박민희
· 펴낸이  민 상 기 · 편집장  이 숙 희 · 디자인  최승협
· 펴낸곳  도서출판 드림북
· 등록번호  제 65 호 · 등록일자  2002. 11. 25.
· 경기도 의정부시 가능1동 639-2(1층)  · Tel (031)829-7722, Fax(031)829-7723

· 책번호 12
· 잘못된 책은 교환해 드립니다.
· 이 출판물은 저작권법에 의해 보호를 받는 저작물이므로 무단 복제할 수 없습니다.
· 독자의 의견을 기다립니다.
· www.dreambook21.co.kr

# 주일학교교사가 꼭 알아야 할
## 24가지 비결

엘머 L. 타운즈 지음
박 민 희 옮김

드 림 북

# 서 문

어린 시절, 나는 아버지와 다른 많은 사람들이 엘머 타운즈(Elmer L. Towns)를 가리켜 "주일학교 씨"(Mr. Sunday School)라고 부르는 것을 들은 기억이 있다. 성인이 되면서, 나는 그 칭호가 아주 적절함을 알게 되었다. 엘머는 주일학교를 가르치는 모든 면을 연구했고, 모든 연령대의 학생들을 가르쳤으며, 미 전역의 모든 주에서 열리는 주일학교 대회에서 강연을 했다.

엘머는 첫 번째 자신의 주일학교 반을 가르친 이후로 수십 년 동안 줄곧, 성경을 가르치는 일에 열정을 보였다. 그리고 그의 열정은 성경의 토대가 확고하다고 믿는 많은 사람들에게 영향을 주었을 뿐만 아니라, 그들을 준비시켜 다음 세대도 같은 것을 믿도록 인도하게 했다. 그는 리버티 대학교(Liberty University) 종교학과 학장으로, 그리고 버지니아 린치버그(Lynchburg)의 토마스 로

드 침례교회(Thomas Road Baptist Church)에서 2000명 목회자 주일학교 반을 가르치는 교사로 자신의 역할을 통해 계속해서 많은 사람들에게 영향을 끼치고 있다.

엘머 타운즈는 그리스도의 몸 전체에 헌신하고 있으며 모든 복음주의 신앙 그룹에서 주일학교에 관한 강의를 해왔다. 게다가 그는 주일마다 손수 자신의 주일학교 반을 가르친다. 이 책 『주일학교 교사가 꼭 알아야 할 24가지 비결』은 나를 들뜨게 한다. 왜냐하면 그것은 오랜 기간에 걸쳐 입증된 하나님의 종이 평생 동안 가르치면서 얻은 가르침의 지혜를 담고 있기 때문이다. 이 책은 당신이 혼자 힘으로 성경을 연구하고 그것을 가르치는 일을 더 잘 해갈 때, 당신으로 하여금 그리스도 안에서 자라가는 것을 도울 참으로 좋은 참고서이다. 엘머 타운즈의 이 책을 대충 건너뛰면서 읽지 않기를 바란다. 생각하면서 꼼꼼히 읽고 그것의 정보를 황금같이 소중하게 다뤄라. (그럴 때) 당신은 그리 길지 않은 각 장에서 제공되는 지혜의 금괴들을 캐내는 즐거움을 누리게 될 것이다. 이 책에서 당신이 얻게 되는 조언은 성경을 가르치는 당신의 경험을 더 풍부하게 해 줄 것이다.

교실에 들어갈 때 당신은 모든 것을 알 필요는 없다. 그러나 나는 당신이 삶을 변화시키는 하나님의 말씀을 가지고 다른 사람들에게 영향을 주는 것에 관한 열정이 있는 교사가 되고자 하는 바람을 갖도록 기도한다. 이 책 『주일학교 교사가 꼭 알아야 할 24가지 비결』은 주일학교 교사로서의 나에게 축복인데, 왜냐하면 축복된 길을 따라 당신을 인도해 갈 것이기 때문이다. 이 책은 귀중한 삶에서 나오는 귀중한 보화이다.

빌 그레익 3세(Bill Greig III)
가스펠 라이트 출판사의 사장 겸
캘리포니아 벤투라에 소재하고 있는
커뮤니티 장로교회 주일학교 교사

# 서 론

당신에게는 가르침에 관한 백과사전을 읽을 만한 시간이 없기 때문에, 나는 간단하고 요점 중심의 이 책을 썼으며, 이 책을 효과적인 주일학교 가르침을 위한 "비결"(secrets)로 가득 채웠다. 그리고 당신은 현대 세계에서 살기 때문에, 나는 영원한 성경의 원리들에 근거한 현대적인 방법으로 지혜와 실제적인 도움을 주고자 이 책을 썼다. 주일학교에서 사역하는 사람들 중에는 자신들이 무엇을 하고 있는지 모르는 채, 사역하는 사람들이 많이 있다. 그래서 나는 건강하고 생산적인 주일학교 반을 세우는 사역의 첫 번째 단계들(steps)을 토대로 그들을 이끌어줄 수 있는 사용하기 쉬운 안내서를 만들었다.

이 책은 가스펠 라이트 주일학교 부서(the Gospel Light Sunday School Department)와의 협력 하에 가

스펠 라이트/리갈 출판사(Gospel Light/Regal Books)에서 출판되었다. 이 책은 포괄적인 성경 내용과 범위와 순서, 성경 학습 활동을 위한 잘 고안된 성경 학습 목표들(aims)과 여러 가지 제안들, 모든 학과 공부를 성공적이게 해 줄 의미 있는 토론 문제들과 지침을 제공해 주는 대화를 포함하고 있는 탁월한 가르침의 자료의 한 예다. 이 책에서 제시하는 가르침의 기법들과 활동 사항들 중 몇 가지는(본문에서 언급된 대로) 특정 연령단계들에 적합하다. 그러나 제시된 많은 원리들은 모든 연령 단계들에 적용될 수 있다. 이미 준비된 공과(curriculum)을 가지고 활동을 하든, 아니면 손수 자신의 학과를 설계하든, 그 일을 바르게 수행하기 위해서 당신은 좋은 가르침의 기본적인 원리들을 이해할 필요가 있을 것이다. 이 책은 모든 교사들에게 그들의 특정한 상황과 반의 필요를 준비시키는데 필요한 기본적인 도움을 제공한다.

주님을 더 잘 배우고 주님을 더 잘 섬기고자 하는 마음을 가지고, 이 책을 읽고 이 책을 즐기며 이 책에 담긴 지식을 다뤄라.

# 목 차

에필로그

## 1장

# 당신은 삶의 차이를 만들 수 있다

You Can Make a Difference in a Life

내가 주일 학교에 대해 처음 알게 된 것은 지미 브릴랜드 (Jimmy Breland)를 통해서다. 그는 조지아주 사바나에 위치한 이스턴 하이츠 장로교회(the Eastern Heights Presbyterian Church)의 주일학교 교사였는데, 당시 그는 집집마다 방문하여 차와 커피를 팔아 생계를 꾸려나갔다. 지미가 우리집 거실에 그의 상품들을 펼쳐 놓은 것은 세계 대 공황(the Depression)-1930년대 후반-이 끝나갈 무렵이었다. 나는 그가 내 어머니께 커피와 차 품목을 막 팔기 시작할 때 거실에 들어갔다.

"너는 어느 교회의 주일학교에 다니지?"라고 그가 물었다.

나는 "주일학교가 뭔데요?"라고 대답했다.

주일학교는 선생님과 아이들이 이야기를 나누고 노래를 부르고 그림에 색칠을 하고 모래판(sand table, 아이들이 모래를 가지고 놀도록 둘레를 높게 하고 모래를 넣은 판-역주)에서 노는 곳이라고 설명했다.

순진하게도 나는 "모래판이 뭐예요?"라고 물었다. 지미는 내가 모래판에 흥미를 느끼고 있다는 것을 알아챘다. 나는 낚싯줄에 걸린 한 마리의 물고기와 같았다. 그는 천천히 줄을 감으면서 나를 끌어당겼다.

"만일 네가 우리 주일학교에 온다면, 우리는 함께 모래산을 만든 다음 너에게 예수님이 어떻게 산들을 가로질러 걸어가셨는지를 말해줄 수 있을 텐데"라고 그가 말했다.

내 기억으로, 내가 예수님이란 이름을 처음 들은 것은 바로 그때였다. 계속해서 그는 이렇게 말했다.

"우리가 모래 안에 거울을 놓으면 그것은 호수가 될 것이고, 나는 너에게 예수님이 어떻게 물위로 걸어가셨는지 말해 줄 수 있을 텐데."

"사바나 강을 가로질러 걸어가는 것처럼 말인가요?"라고 나는 열정적으로 물었다. 그때 나는 어머니께 주일학교에 가고 싶다고 말했다.

어머니는 나무라듯이 "잠깐 기다려라"라고 말했다. 당시 어머니와 아버지는 술집에서 술을 마시고 춤을 추면서 시간을 보냈다. 그분들은 하나님과 교회로부터 벗어나려고 하고 있었다. 어머니는 그 열정적인 차와 커피 판매원이 이교도(cult)에 해당할지도 모른다고 생각했다. 그래서 어머니는 그에게 "어느 교회죠?"라고 물었다.

지미는 "이스턴 하이츠 장로교회입니다"라고 대답했다.

어머니는 남 캐롤라이나의 한 작은 장로교회에서 결혼했다. 그래서 어머니는 거절하기가 어렵다는 것을 알고 있었다. 곧바로 어머니는 "그 교회는 어디에 있죠?"라고 물었다. 지미가 그 교회는 약 5마일 정도 떨어진 곳에 있다고 설명하자, 어머니는 "걸어서 그렇게 멀리까지 가기에는 아직 우리 아이가 너무 어립니다. 그래서 아마도 길을 잃어버리게 될지도 모르고요"라고 말했다.

지미 브릴랜드는 나를 보면서 이렇게 말했다. "앞이 내다 보이는 저 큰 검은색 트럭이 보이지?" 나는 번쩍이는 검은 소화물 배달용 트럭을 볼 수 있었는데, 거기에는 큰 금색 글씨로 보석 차와 커피(JEWEL TEA AND COFFEE)라고 쓰여 있었다. 그가 내게 "내 트럭을 타고 주일학교에 가고 싶지 않니?"라고 물었다. 나는 "예"라고 대답했는데, 내가 할 수 있는 말이라곤 그것이 전부였기 때문이다.

지미의 교회는 세계 대 공황 기간 동안 파산 당한 이웃에 위치해 있었다. 어머니는, 가정들 중 많은 가정이 여전히 뜰과 그 주변에 깊은 도랑을 하고 있고, 건물 중에는 아직도 마무리되지 않아 뼈대만 있는 것들도 있다고 이의를 제기하듯 힘주어 말했다. 어머니는 나의 안전을 염려하고 있었던 것이다. 곧이어 어머니는 "우리 아이가 1학년에 들어갈 때까지 기다려주세요. 그때는 우리 아이를 주일학교에 데려가도 괜찮습니다"라고 말했다.

몇 개월 후인 1938년 9월에 나는 1학년에 들어갔다. 그 다음 주일 아침, 나는 현관 앞에서 (지미를) 기다리고 있었다. 나는 풀을 먹인 하얀 반바지를 입고 있었고 머리는 기름을 발라 아래쪽으로 가지런히 하고 있었다. 안개 모양의 빗방울이 떨어지고 있었고, 이내 지미 브릴랜드가 흙탕물을 튀기면서 도로 아래쪽으로 차를 몰고 왔다. 그는 나를 주일학교로 데려갔고, 그 후 나는 14년 동안 한번도 주일학교를 거르지 않았다.

나에게 지미 브릴랜드는 나를 주일학교에 태워다 주는 운전기사 이상을 의미했다. 그는 나의 목자였고, 나에게 성경과 기독교 가치들(Christian values)을 가르쳐 주었다. 그는 나의 상담자와 멘토가 되어 주었고, 아버지는 알코올 중독자였기 때문에 그는 우리 아버지를 대신하여 아버지에 대한 역할모델이 되어 주었다. 그는 언제나 나를 가르치고 있었고 나로 하여금 나의 삶에 관해 생각하게 해 주었다. 어쩌다 나를 학교 운동장까지 태워다 줄 때면, 그는 행여 일어나게 될 싸움에서 나를 구해주기도 했다. 차로 나를 집까지 데려다주는 동안, 그는 나에게 "예수님이라면 어떻게 하실까?"(What would Jesus do?)라고 묻곤 했다.

공식적인 교육이라곤 중등교육을 받은 것이 전부였던 지미 브릴랜드는 결코 교회학교에서 책임자가 되지 못했고 집도 없었다. 뿐만 아니라 그는 결코 자기의 승용차를 소유하지도 못했다. 그는 언제나 트럭을 운전하는 일을 했다. 돈이 넉넉하지 못했기 때문이다. 그런 이유로 나는 그의 트럭을 타고 주일학교에 다녔다.

내가 지미 브릴랜드에게 영향을 받은 유일한 사람은 아니다. 같은 반에 있었던 25명의 학생들 중 19명이 사역의 형태는 조금씩 다르긴 하지만, 모두 전임으로 기독교 사역에 종사하고 있다. 한번은 내가 캘리포니아의 샌디에고에서 열린 전국 어린이 사역자 협의회(the National Children's

Workers' Conference)에서 지미 브릴랜드의 얘기를 할 때였다. 한 부인이 황급히 통로로 나와서는, 그녀와 그녀의 학급에 있던 다른 사람들도 내가 그의 학급에 있던 때로부터 8년 뒤에 지미 브릴랜드에게 영향을 받았다고 말했다.

지미 브릴랜드는 교육을 많이 받지도 못했고 교회의 책임자 경험도 없었으며 공적인 인정을 받지도 못했지만, 나의 삶과 다른 많은 사람들의 삶에서 차이를 만들었다. 당신도 같은 일을 할 수 있다. 당신도 그리스도를 위해 살도록 한 생명에게 영향을 줄 수 있다.

## 2장

# 하나님은 당신을 사용하실 수 있다

God Can Use You

짐(Jim)은 주일학교를 돕는 일에 자진하여 지원하지 않았다. 왜냐하면 그는 고등학교를 마치지 못했을 뿐만 아니라 교사가 되는 것이 부적격하다고 느꼈기 때문이다. 그의 어떤 친구가 그에게, 교실에 앉아 어린 소년들이 소란을 피우지 못하도록 그리고 주위 산만하지 못하도록 도와줄 수 있는지 물었을 때, 그는 승낙했다. 짐은 체격이 큰 사람으로 회심하기 전에는 난폭한 행동으로 유명했던 사람이다. 때문에 그는 여전히 목소리가 컸고 직선적으로 말했다. 짐이 함께 하는 것만으로도 주위 산만한 어린 소년들을 조용하게 만드는 효과가 있었다.

교실에서 첫 주일을 보낸 다음, 짐은 교사인 친구에게 놀리듯 이렇게 말했다.

"나 역시 장난치고 싶었네. 자넨 조금 지루하게 하거든."

그 다음 주일에 짐은 성경 이야기를 들려주었고, 아이들은 그의 큰 체격 때문만이 아니라 그의 떠들썩한 모습 때문에 넋을 잃고 이야기를 들었다. 결국 짐은 유치부 전 어린이에게 성경 이야기를 들려주었고, 어린 소년들에게 깊은 감명을 주는 효과적인 교사가 되었다.

아마도 당신은 짐과는 다른 여러 가지 이유들 때문에 하나님께서 결코 당신을 사용하실 수 없을 것이라고 생각할지도 모른다. 그러나 그런 이유들은 앞으로도 당신의 자기 이해에 결정적인 영향을 미칠 수 있다. 사람들은 열등한 자화상, 하나님께서 자신들을 통해 일하신다는 것에 대한 믿음의 부족, 또는 언제 어디에서 섬겨야 할지 알지 못하는 것과 같은 문제로 주일학교 사역에 참여하지 않는다. 다음은 당신이 주일학교에서 봉사하고자 할 때 중요하게 고려할 필요가 있다고 여겨지는 몇 가지 사항이다.

## 계속적으로 충실하라

만일 당신이 하나님께서 당신을 사용하실 수 없다고 생각한다면, 그분이 당신에게 바라는 것은 성공이 아니라는 것을 기억하라. 하나님은 당신이 기꺼이 그분을 섬기고 그분이 당신에게 맡기시는 일에 충실하기를 원하신다. 하나님은 당신을 반의 서기나 성경 암기를 감독하는 자로, 또는 성경 이야기를 효과적으로 들려줄 수 있는 재능을 발견했던 짐처럼 보조 교사로 일하도록 부르실지 모른다. 하나님의 부르심에 충실하라. 왜냐하면 그분은 충실한 사람들을 사용하시기 때문이다.

어떤 사람들은 영적 결과들이 자신들의 손에 달렸다고 생각하기 때문에 주일학교에서 사역하지 않는 경우도 있다. 그러나 "학생들의 마음(heart)에서 일하는 것"은 당신의 책임이 아니라는 것을 기억하라. 그것은 하나님의 책임이다. 당신의 책임은 하나님의 복 주심을 위해 기도하고, 주의 깊게 준비하며, 하나님의 진리를 충실하게 전하는 것이다. 결과에 대한 걱정 때문에 주저하지 마라. 학생들에게 하나님의 말씀을 전하는 일에 충실하라. 그런 다음 하나님께서 그들이 배운 학과(이 책에서 '학과'로 번역된 영어 단어는 lesson이다. 독자에 따라 '학과'를 '공과'나 '과'로 바꾸어 읽을 수 있다-역주)"를 그들의 삶에서 실제적이 되게 하실 것을 믿어라.

## 쓰임 받을 수 있는 사람이 되라

베드로와 요한이 기도 시간에 성전에 올라갔다. 그들은 거기서 돈을 구걸하는 앉은뱅이를 만났다. 그 두 제자는 가진 것이 없었다. 그래서 베드로는 "은과 금은 내게 없거니와 내게 있는 것으로 네게 주노니 곧 나사렛 예수 그리스도의 이름으로 걸으라"(행 3:6)라고 말했다. 그 앉은뱅이는 고침을 받았다. 베드로와 요한이 바른 곳으로 갔기 때문에 그들이 하나님께 쓰임을 받은 것을 주목하라. 하나님의 집은 당신이 일하기에 바른 곳이 아닌가? 그들은 바른 시간-예를 들면, 기도의 시간-에 갔다. 주일 아침은 당신이 하나님을 섬기는 바른 시간이 아닌가? 그들은 바른 태도-예를 들면, 그들은 자신들의 한계를 알고 있었다-를 지니고 있었다. 만일 당신이 하나님께서 당신을 사용하실 것인지에 대한 물음을 갖고 있다면, 하나님께서 베드로와 요한을 어떻게 사용하셨는지를 생각하라. 그들이 그 사람에게 주었던 것은 다름 아닌 예수 그리스도의 메시지였다. 그것은 또한 당신의 대답이어야 한다. 하나님은 당신이 바른 메시지를 전할 때 당신을 사용하실 수 있다.

어떤 사람들은 그들이 시간이 없거나 너무 바쁘기 때문에 섬기려 하지 않을 것이다. 그것은 사실일지 모른다. 오늘날 사회에서, 대부분의 사람들은 이전에 비해 더 분주하다. 그것은 당신이 사용할 시간의 우선 순위를 정해야 함을 의미한다. 당신의 삶에서 가장 중요한 것들을 당신의 계획표의 맨 위에 놓는 것을 잊지 마라. 그것은 성경연구와 기도 그리고 교회 출석을 포함해야 한다. 뿐만 아니라, 주님을 섬기는 시간을 포함시켜야 한다.

예수님은 "아무든지 나를 따라 오려거든 자기를 부인하고 날마다 제 십자가를 지고 나를 좇을 것이니라"(눅 9:23)라고 말씀하셨다. 주일학교에서 사역하는 것은 희생일지 모른다. 그러나 그것은 또한 당신이 해야 하는 중요한 일이다. 당신은 당신을 즐겁게 해 주는 여러 가지 일들을 스스로 포기해야 할지도 모른다. 그러나 하나님은 당신이 그렇게 한 것을 기억하시고 보상하실 것이다.

## 하나님의 약속을 믿어라

하나님은, 만일 당신이 그분의 아들을 높이면 예수 그리스도의 메시지가 당신이 가르치는 학생들을 구원으로 이끌 것이라고 약속하셨다. "내가 땅에서 들리면 모든 사람을 내게로 이끌겠노라"(요 12:32).

하나님은 당신이 바른 태도와 바른 메시지를 가질 때 당신을 사용하실 것이다. 당신이 충실하게 그분을 섬길 때 당신의 주일학교 사역은 하나님께 쓰임을 받을 것이다. 하나님은 유용하게 쓰임 받기를 원하는 사람들을 사용하신다.

| 3장 |

# 하나님은 당신을 준비시키신다

God Has Equipped You

1928년에 젊은 미혼 여성인 헨리타 미어스(Henrietta Mears)는 캘리포니아 헐리우드 장로교회의 기독교 교육 책임자로 일해 달라는 요청을 받았다. 당시에는 그녀의 사역이 얼마나 중요한 것이 될지 아무도 알지 못했다. 사역이 주로 남자의 영역으로 여겨지던 시대에, 헨리타 미어스는 남 캘리포니아의 한 교회에 차이-세상을 변화시킨 차이-를 만들었다.

헨리타에게 있어서, 주일학교는 교육 사역(the educational ministries)의 중심이었다. 그래서 그녀는 강한 주일학교를 세우는데 상당한 에너지와 자원을 바쳤다. 그녀의 리더십

아래에서, 평균 400명이 못되던 주일학교 출석률이 주마다 출석 인원 4000명 이상으로 폭발적인 증가를 하게 되었다.

20세기 초 미국의 다른 많은 교회들과 마찬가지로, 헨리타의 교회는 주일학교 전체에 걸쳐 통일 공과(unified curriculum)를 사용했다. 이것은 주일학교의 모든 학생들이 어느 반에 참석하든 그것에 상관없이, 그들은 모두 같은 공과를 공부했다는 것을 의미했다. 헨리타는 이 접근법을 사용하는 이유를 잘 알고 있었지만, 그럼에도 불구하고 그녀는 사람들을 성경 공부에 참여시킬 더 나은 방법이 있음을 느꼈다.

그녀는 성경 전체를 다루면서 동시에 각 연령 단계의 주일학교 반을 위해 쓰여진 개개의 학과를 포함하는 주일학교 공과(curriculum)을 고안했다. 그녀는 "내가 아이들을 학년으로 나눈 것이 아니라 하나님이 그렇게 하셨어요"라고 말하기를 좋아했다. 그녀는 각 연령 단계를 위한 주일학교 자료를 원했기 때문에 자신이 사용할 공과를 쓰기 시작했는데, 그것은 결국에는 복음의 빛 공과(Gospel Light curriculum)의 토대가 되었다. 그녀의 11학년 과정-성경 전체에 대한 각 권별 탐구-은 『성경은 어떤 책인가?』(What the Bible is All About?)라는 제목 하에 출간되었다. 그것은 성경

공부 자료로서 전 세계적으로 계속해서 사용되고 있다.

헨리타 미어스는 단순히 주일학교를 관리하고 교사들을 가르치도록 준비시키는데 만족하지 않았다. 그녀에게는 가르침에 대한 깊은 애정이 있었다. 그래서 손수 교사가 되어 대학생 반을 맡아 가르쳤다. 그녀의 학급은 성장하여 약 600명의 대학생을 포함하게 되었는데, 그들 중 많은 사람들이 구원을 받거나 그녀의 사역에 속하여 전임 기독교 사역으로 부르심을 받았다.

그녀에게 영향을 받은 사람들 중에는 미국 상원의 목사(Chaplain)로 계속해서 섬겼던 리차드 할버슨(Richard Halverson)이 있다. 그리고 그들 중에는 빌 브라이트와 보네트 브라이트(Bill and Vonette Bright) 부부도 있었는데, 그들은 젊은이들에게 다가가기 위해 대학생 선교회(Campus Crusade for Christ)를 설립하고 이끌어 세계를 선도하는 기관이 되게 했다. 심지어는 빌리 그래함(Billy Graham) 목사도 그의 초기 사역 때에 중요한 전환점으로 헨리타 미어스에 의해 발전된 교회 협의회장인 포레스트 홈(Forest Home)을 방문한 적이 있다고 말했다.

주일학교 지도자들 사이에서 행해진 한 심의에서, 헨리타 미어스는 20세기 주일학교 운동의 가장 위대한 여성 지도자로 인정을 받았다. 그녀는 자신의 사역의 효율성을 최대화할 수 있도록 하나님이 자신에게 주신 은사들을 확인하고 사용하는 법을 배웠다.

효과적인 교사가 되기 위해서, 당신은 당신만이 지니고 있는 독특한 영적 은사들을 발견하고 확인할 필요가 있다. 당신의 은사들은 하나님이 자신의 사역을 수행하기 위해 사용하시는 능력 또는 재능이다. 과업 지향적(task-oriented)이 되는데 도움이 되는 영적 은사들과 당신이 하나님을 위해 사역하는 방식을 형성하는 영적 은사들에 관해 생각하라. 다음은 이러한 아홉 가지의 과업 은사들(task-gifts)이다.

- 복음전도 (엡 4:11)
- 예언 (롬 12;6)
- 가르침 (롬 12:7)
- 권면 (롬 12:8)
- 목양 (엡 4:11)
- 긍휼 (롬 12:8)
- 사역 (롬 12:7; 고전 12:28)
- 베풂 (롬 12:8)

• 관리(롬 12:8; 고전 12:28)

하나님께서 우리에게 은사를 주시는 목적은 단지 우리가 사역을 위한 칭호를 개발하는 것을 도울 뿐만 아니라, 우리로 하여금 사역에서 효과적이 되는 방법들을 발견하는 것을 돕는 것이다.

당신이 당신의 은사를 알고 있다면, 당신은 주일학교 교사로서 그 은사를 어떻게 사용할 것인가에 관해 생각하면서 시작하라.

만일 당신에게 복음 전도의 은사가 있다면, 당신의 학생들을 그리스도께로 인도하기 위해 복음을 당신의 학과에 포함시키는 방법을 찾아라.

만일 당신에게 예언의 은사가 있다면, 하나님은 다른 사람들로 하여금 그들을 위한 자신의 말씀에 주의를 돌리게 하고, 자주 그들이 그들의 삶 속에서 죄를 깨닫는 것을 돕기 위해 당신을 사용하실 수 있다.

만일 당신에게 가르치는 은사가 있다면, 성경의 내용을 정확하게 전하기 위해 열심히 연구하라.

만일 당신에게 권면의 은사가 있다면, 학생들로 하여금 실제적인 방법으로 학과를 적용하도록 동기를 부여하라.

만일 당신에게 목양(shepherding)의 은사가 있다면, 부주의로 못보고 넘어갔던 주일학교 양떼들을 먹이라.

만일 당신에게 긍휼을 베푸는 은사가 있다면, 당신은 반 학생들을 권고할 수 있는 방법들에 주의를 게을리 하지 마라.

만일 당신에게 섬기는 은사가 있다면, 다른 사람들을 도움으로써 성경의 실천적인 함의들(implications)을 가르칠 방법을 찾아라.

만일 당신에게 베푸는 은사가 있다면, 청지기직을 활용하여 다른 사람들을 돕기 위해 당신이 얻은 통찰을 사용하라.

만일 당신에게 관리의 은사가 있다면, 반의 학습 경험들을 잘 관리하라.

하나님께서는 특정한 결과들을 낳게 될 한 가지 특정한 목적을 달성할 수 있도록 당신에게 여러 가지 복합적인 특별한 영적 은사들을 주셨다. 하지만 하나님께 영광을 돌리는 삶을 살고자 한다면, 당신은 기꺼이 당신의 은사들을 사용해야 한다.

대부분의 그리스도인들이 한 가지 주요한 영적 은사를 가지고 있을지라도, 여러 가지 은사들을 복합적으로 갖는 경우가 그다지 드문 일은 아니다. 하나님은 당신으로 하여금 성취하도록 그분이 계획하고 있는 특정한 과업들을 위해 당신을 준비시키셨다. 당신의 영적 은사가 무엇인지 깨달을 때, 당신은 당신의 삶과 사역을 위한 하나님의 뜻을 분별할 수 있게 된다.

모든 교사가 다 헨리타 미어스가 성취한 것을 성취할 수는 없다. 왜냐하면 하나님은 모든 사람에게 그분이 그녀에게 은사를 주신 것과 같은 동일한 은사를 주시지 않았기 때문이다. 그러나 모든 교사는 헨리타 미어스가 성취할 수 없었던 것을 성취할 수 있다. 왜냐하면 하나님은 맞춤 사역(custom-designed ministry)을 위해 우리들 각자에게 특별한 은사들을 주셨기 때문이다.

당신은 당신의 은사를 확인하는데 도움이 되는 도구인 영적 은사 목록을 찾을지도 모른다. 그와 같은 도구들 중 하나가 나의 영적 은사 테스트이다(그것은 www. elmertowns.com에서 이용할 수 있다). 또는 당신은 친구와의 대화가 당신의 영적 은사들을 발견할 수 있는 하나의 좋은 방법이라는 것을 알게 될지도 모른다.

당신의 영적 은사를 확인하기 위해 당신의 처음의 느낌을 확인해 줄 세 가지 물음을 자신에게 물어 보라.

첫 번째 물음. 영적 은사들에 관한 나의 생각은 성경이 가르치고 있는 것과 일치하는가? 두 번째 물음. 내가 가지고 있다고 생각하는 내 안에 있는 영적 은사들을 다른 사람들이 인정하는가? 만일 당신이 그 은사를 갖고 있다면, 그것은 최소한 미발달의 형태로라도 당신을 알고 있는 더 성숙하고 영적인 그리스도인들이 식별할 수 있어야 한다. 세 번째 물음. 나는 사역에서 이 은사를 사용하는 데 효과적인가? 당신의 영적 은사를 사용할 때, 당신은 최소한의 노력으로 최대의 효과를 거두게 될 것이다.

하나님은 당신만이 할 수 있는 과업을 위해 당신에게 은사를 주셨다. 당신이 당신의 영적 은사를 발견할 때, 그것을 사역에 활용하라. 그리고 당신이 될 수 있는 가장 효과적인 주일학교 교사가 되기 위해 계속해서 그것을 개발하라.

## 4장

# 학생들은 다르게 배운다

Students Learn Differently

래리(Larry)는 그날 아침에 있었던 주일학교 수업을 돌이
켜보다가 미소를 지었다. 올해로 그가 주일학교에서 5학
년 소년들을 가르친지도 벌써 8년째가 되었다. 매년 그는
같은 과정을 거치는 것 같다는 생각이 들었다. 진급식 주
일은 언제나 근로자의 날이 있는 주말에 예정되어 있었다.
그래서 그는 매년 9월에 새로운 반을 배정 받았다. 올해 아
이들의 관심사는 작년 아이들의 관심사와 전혀 다르다는
것을 깨닫는 것은 두말할 필요도 없고, 새로운 어린이들의
이름을 기억하는 것조차도 간단하지 않다는 것을 그는 알
고 있었다. 지금은 케빈(Kevin)이 있다. 2년 전에는 케빈의

형인 마크(Mark)를 가르쳤다. 그러나 케빈은 마크와 같은 점이 아무 것도 없는 것처럼 보였다. 8년이 지난 지금, 래리는 5학년 소년들에 관해 많은 것을 배웠다. 그러나 배우면 배울수록, 그는 같은 5학년 소년이라 할지라도 두 소년이 서로 반드시 같은 것은 아니라는 사실을 점점 더 깨닫게 되었다.

주일학교에서 같은 연령 그룹을 가르치는 것은 여러 가지 장점이 있다. 하지만 교사들은 두 반이 반드시 같은 것은 아니라는 점을 깨달아야 한다. 각 학생은 부모와 흥미 그리고 취미도 다르기 때문에, 새로운 반을 맞이하는 것은 매년 새로운 도전이다. 그 도전에 잘 대처하면, 당신은 더 좋은 주일학교 교사가 될 수 있을 것이다.

## 학습의 여섯 단계를 알라

주일학교 교사로서 당신은 학생들이 배울 때 속도와 단계에서 차이가 있다는 것을 알아야 한다. 당신은 각각의 학생에 대한 학습 단계를 이해하고 그 단계에서 가르칠 때 더 효과적인 교사가 될 것이다. 따라서 어린이들은 저마다 자신의 학습 속도에 맞게 더 높은 단계로 자라갈 것이다.

교육 심리학자들은 학습에는 여섯 단계가 있다고 제안한다.

1. 지식(knowledge) — 배운 자료를 회상하는 능력을 말한다. 이 단계에서, 학생들은 가르침을 받은 것과 비슷한 형태로 정보와 개념 그리고 원리를 회상하거나 상기한다. 그들은 "… 했을 때 어떤 일이 일어났는가?" 또는 "… 의 세 가지 특성을 나열하라"와 같은 물음에 답할 수 있다.

2. 이해(comprehension) — 자료의 의미를 파악하는 능력을 말한다. 이 단계에서, 학생들은 그들 자신의 말로 그것을 고쳐 말할 수 있는 정도까지 정보를 이해하기 시작한다. 그들은 "이것은 무엇을 의미하는가?" 또는 "… 이유를 설명하라"와 같은 물음에 답할 수 있다.

3. 적용(application) — 학과를 새로운 상황과 관련시키는 능력을 말한다. 학생들은 자료들과 원리들을 배울 수 있고 최소한의 지도로 문제들을 해결할 수 있다. 그들은 "만일 … 한다면 어떤 일이 일어날까?" 또는 "만일 … 을 한다면 그들은 어떻게 할까?"와 같은 문제에 답할 수 있다.

4. **분석**(analysis) — 보다 큰 문제나 개념을 작게 분할하는 능력을 말한다. 이 단계에서, 학습자들은 논리적으로 생각하고 귀납적으로 그리고 연역적으로 추론할 수 있다. 그들은 "무엇 때문에 그는 그런 행동을 했는가?" 또는 "그의 발표에서 사실과 견해 사이를 구별하라"와 같은 물음이나 요구에 답할 수 있다.

5. **종합**(synthesis) — 새로운 형태나 기능을 창출하기 위해 부분들을 조합하는 능력을 말한다. 발명가가 새로운 제품을 개발하기 위해 과학적 원리들을 적용하는 것 같이, 학생들은 개념들을 새롭게 적용할 수 있다. 그들은 "너는 … 을 어떻게 결정할 수 있었지?" 또는 "만일 … 하면 너는 어떻게 하려고 하지?"와 같은 물음에 답할 수 있다.

6. **평가**(evaluation) — 기준이나 규정(law)에 비추어 가치를 결정하는 능력을 말한다. 이 단계에서, 학생들은 좋은 것과 더 좋은 것 그리고 가장 좋은 것 사이를 구별할 수 있기 시작한다. 그들은 "이 상황에서 어떤 선택을 하는 것이 가장 생산적일까?" 또는 "왜 너는 … 대신 … 을 택하려고 하지?"와 같은 물음에 답할 수 있다.

학생들은 서로 다르기 때문에, 같은 학과를 배우면서도 내용과 속도와 양과 이유에서 다르게 배운다는 것을 당신은 알 필요가 있다.

당신이 가르치는 학생들을 더 잘 이해하면 할수록, 당신은 더 효과적이 될 수 있다. 당신의 학생들은 각각 그들의 삶의 특정한 단계에서 모든 사람에게 공통적인 다른 요소들 뿐만 아니라 이미 문화와 이전의 경험과 가족 배경에 의해 영향을 받은 상태로 수업에 임할 것이다. 예수님이 교사로서 매우 효과적이었던 이유들 중 하나는 인간의 본성에 대한 그분의 통찰 때문이었다(요 2:24). 마찬가지로, 바울이 디도에게 가르치는 사역을 맡길 때, 바울은 그에게 가르침을 받는 사람들의 타고난 성향(natural tendencies)에 대해 상기시켜주는 시간을 필요로 했다(딛 1:10-16).

## 목록을 만들어라

그러면, 당신은 당신의 학생들을 얼마나 알고 있는가? 각각의 학생을 위해 종이를 준비하고, 그곳에 당신이 각각의 학생에 관해 알고 있는 모든 것을 써 보라. 이름, 주소, 전화번호 그리고 생년월일과 같은 간단한 것들과 함께 시작하

라. 만일 당신이 성인들을 가르친다면, 당신은 또한 결혼 기념일을 기재하기 원할 것이다.

다음으로, 그 사람의 가족관계를 기술하라. 부모나 형제 또는 자녀들은 누구인가? 그가 오늘날과 같은 사람이 되는 데 그의 가정 환경이 미친 영향은 무엇인가? 친구관계는 어떤가? 이 학생은 한 그룹에서 지도자로서의 자질이 있는 가 아니면 회원으로 있는 것이 더 적합한가?

모든 주일학교 교사는 각 학생들의 영적 상태에 대해 관심을 가져야 한다. 최대한 당신이 아는 범위 내에서, 다음의 질문에 답하라. 당신의 학생들 중 그리스도인은 누구이고 아직 그리스도를 구세주로 믿지 않는 사람은 누구인가? 그리스도인 학생들과 관련하여, 그들은 그리스도인으로서 어떻게 행동하고 있는가? 그들은 그들이 (영적으로) 자라는 것을 도울 영적 훈련을 하고 있는가? 또는 그들은 하나님을 무시하기 시작하고 있는가? 그리고 그리스도에 대한 그들의 헌신에서 벗어나고 있는가?

학생의 학교생활이나 직업 또는 직업 선택에 관한 정보를 포함하라. 각 학생은 어떤 특별한 레크리에이션 프로그램에 참여하고 있는가? 그는 지역 사회의 어떤 클럽에 소속하고 있는가? 그에게는 당신의 교회와 주일학교에 더 잘 참여하도록 자신을 도울 수 있는 어떤 특별한 흥미나 기량이 있는가?

　각 학생에 대해 이것을 함으로써, 당신은 두 가지 유익을 얻게 된다. 첫째로, 그것은 당신으로 하여금 당신이 가르치고 있는 학생에 관해 얼마나 알고 있는지 기록을 통해 확인시켜 주며, 그들이 자신의 최고의 기량으로 배우는 것을 도울 수 있는 길을 당신에게 알려줄 것이다. 둘째로, 그것은 당신으로 하여금 당신이 가르치는 학생에 대해 더 알아야 할 것이 무엇인지 알게 해 줄 것이다. 당장 이번 주에 그것을 실시함으로, 당신의 반 학생들과 관계를 형성하는 일을 시작하라. 그렇게 함으로, 당신은 그들을 더 잘 알 수 있을 뿐만 아니라 주일학교 교사로서 당신이 될 수 있는 최고의 교사가 될 수 있다.

## 5장

# 기본적인 것을 숙달하기

Mastering the Basics

전미 미식축구 선수권 대회(the Super Bowl)에서 두 번 우승한 그린 베이 팩커스(Green Bay Packers)팀의 전 감독인 빈스 롬발디(Vince Lombardi)는 미식축구공을 치켜들고 그의 베테랑 선수들에게 "이것이 미식축구공이다!"라고 말하면서, 각 시즌을 시작했다. 그런 다음 그는 그들이 어떻게 볼을 끌어올리고 상대편을 막으며 터치다운을 위한 골 라인을 향해 달리면서 어떻게 볼을 패스하는지를 설명하기 위해, 필드의 야드 표시기(yard markers)를 가리키곤 했다. 승리하는 풋볼 게임은 한 팀이 기본적인 것을 숙달할 때 시작되었다.

승리하는 주일학교는 주일학교 팀에 속한 모든 사람이 기본적인 것을 숙달할 때 시작된다. 지상 대명령(the Great Commission)은 우리로 하여금 잃어버린 자들에게 가서 그들에게 하나님의 말씀을 가르치고, 그들을 예수님께 인도하고, 그들을 신앙 안에서 자라게 하라고 말한다. 이것이 부흥하는 주일학교를 위한 원리이다.

우리 사회는 변하고 있기 때문에, 어떤 사람들은 주일학교의 시대는 지나갔다고 말한다. 나는 주일학교의 미래는 밝다고 믿는다. 그리고 나는 하나님께서 교회의 가르치는 부서(arm)로서 주일학교 현장을 계속해서 사용하실 것을 믿는다. 만일 주일학교가 자신의 영향력을 지속하려면 자신의 가르치는 기술을 개선하지 않으면 안 된다. 하지만 주일학교는 시대적 상황은 고려하되 그것의 목적을 바꾸지는 않아야 한다. 그것은 기본으로 돌아가야 한다.

## 주일학교의 역할

주일학교는 교회와 무관한 별개의 기관이 아니라, 아마도 그리스도의 가르치는 사역(the teaching ministry)을 가장 효과적으로 수행하기 위한 지역 교회의 가장 잘 조직화된 기관일 것이다. 교회의 이 부서는 네 부분, 즉 가르침과 설교, 인도(winning)와 돌봄으로 나뉜다.

신약의 교회가 가르침과 설교를 토대로 하여 세워진 것처럼(행 5:42), 현대의 성경적인 교회는 주일학교에서의 성경공부와 설교를 통한 권면(exhortation)을 토대로 하여 세워져야 한다. 주일학교는 사람들에게 다가가는 것으로 여전히 기능적으로 정의된다. 그래서 당신은 사람들을 그리스도께 인도하고 영적으로 돌보기 위해 그들을 가르칠 수 있다. 주일학교의 이 네 가지 본질은 아마도 역사적으로 중요한 여러 주일학교 대회에서 종종 사용되어 온 구약성경의 한 구절에서 가장 잘 표현되었다고 볼 수 있다. "곧 백성의 남녀와 유치와 네 성안에 우거하는 타국인을 모으고 그들로 듣고 배우고 네 하나님 여호와를 경외하며 이 율법의 모든 말씀을 지켜 행하게 하고"(신 31:12). 이 구절은 주일학교 사역의 네 가지 뚜렷한 영역을 반영한다.

## 주일학교는 교회의 다가가는 부서이다

첫째로, 주일학교는 그리스도를 위해 모든 세대에게 다가가는 부서이다. "다가가기"(reaching)는 한 사람과 접촉

하여 그가 공정하게 복음을 들을 수 있는 동기를 제공하는 것으로 정의된다. 복음전도(evangelism)는 복음을 전파하는 것이기 때문에, 선교는 기본적으로 복음전도 이전 단계(preevangelism)이다. 왜냐하면, 그것은 사람들로 하여금 복음을 듣게 하기 때문이다. 우리가 위에서 읽은 본문에서 그것은 "모으다"라는 단어로 표현된다. 모인 사람들은 다음과 같은 사람들이다.

- 아버지들(백성의 남)
- 어머니들(백성의 여)
- 어린이들(유치)
- 낯선 자들(타국인)

대부분의 교인들에게는 자신들의 영향력 안에 있으면서 교회가 낯선 사람과 교회 안으로 모이게 할 수 있는 사람이 있다.

주일학교는 교회의 가르치는 부서이다

둘째로, 주일학교는 교회의 가르치는 부서이다. "가르침"은 인간의 필요를 충족시키는 학습 활동을 안내하는 것을 의미한다. 가르침의 첫 번째 단계는 "그들로 듣고"라는 구절에서 표현된다. 가르침의 최종 단계는 "그들로 배우고"이다.

## 주일학교는 교회의 인도하는 부서이다

주일학교는 또한 사람들을 그리스도께로 인도하는 교회의 부서이다. "인도"는 복음을 이해할 수 있는 방식으로 전하고 사람을 그리스도께 응답하도록 동기를 제공하는 것으로 정의된다. "여호와를 경외하라"라는 구약의 표현은 한 개인이 공경하는 마음으로 하나님을 신뢰하는 데까지 이르게 하는 것을 의미한다. 그것은 구원의 개념이었다. 오늘날 우리는 "주님을 경외하는" 사람을, 구원을 위해 그리스도를 영접하거나 주님을 신뢰하는 사람으로 묘사한다.

## 주일학교는 교회의 돌보는 부서이다

마지막으로, 주일학교는 모든 교인들을 영적으로 돌보

는 교회의 부서이다. 모든 주일학교의 목표들 중 하나는 모든 사람이 "이 율법의 말씀을 지켜 행하도록" 모든 사람을 영적으로 돌보는 것이다. 어떤 사람들은 이것을 양육(nurturing)이라고 부르며, 또 어떤 사람은 그것을 양성(maturing)이라고 부른다.

주일학교는 교회의 다가가고, 가르치고, 인도하고 그리고 돌보는 부서이다. 그러나 이 정의는 개별적인 교회들에 적용될 때 모자이크(mosaic)가 된다. 모자이크가 (제대로된) 하나의 모자이크가 되기 위해서는 타일(tile)의 모든 부분들을 필요로 하는 것과 마찬가지로, 아름다운 주일학교를 이루기 위해서는 위의 네 가지 요소를 모두 필요로 한다. 모자이크의 아름다움은 우리가 모자이크의 한 면에만 초점을 맞춤으로 전체의 그림을 잃어버릴 때 깨질 수 있다. 이런 일은, 한 교회가 다른 부분에 비해 버스 아웃리치 사역(bus outreach ministry)을 더 많이 강조하는 결과로 많은 방문자들을 얻는 것처럼, 오직 한 면만을 지나치게 강조할 때 생긴다. 다가가기(outreach)에만 초점을 맞추는 것은 교회로 하여금 가르침이나 인도 또는 돌봄의 관점을 잃어버리게 만든다.

어떤 교회는 성경을 통달하는 것에 깊이 헌신하고 있는

결과로, 다른 부분에 비해 역량 있는 가르치는 주일학교를 가지고 있다. 그러나 그들에게는 다가가기는 없다. 또 어떤 주일학교들은 영혼을 인도하는 것(soul-winning)에 헌신되어 있다. 그들의 성공 여부는 그들이 얼마나 많은 사람들을 그리스도께 인도했는가로, 또는 얼마나 많은 사람들을 교회의 회원이 되게 했는가로 측정된다. 그러나 그들에게는 학생들이 그리스도 안에서 성장하는 것을 돕도록 그들을 지도할 열정은 없다. 마지막으로, 어떤 주일학교들은 그들의 학생들을 돌보는 일은 잘 하지만, 다른 세 개의 목표는 등한시한다.

각각의 기능이 중요할지라도, 균형을 이룬 주일학교를 세우는 것을 잊지 말라. 그런 건강한 주일학교는 네 가지 사역 모두를 동일하게 수행할 것이다. 당신의 주일학교를 건강한 주일학교로 만들고자 한다면, 학생들을 위한 네 가지 기본 원리를 모두 포함하라. 즉, 다가가고, 가르치고, 인도하고 그리고 영적으로 돌보라.

## 6장

# 효과적인 가르침은 무릎에서 시작된다

Effective Teaching Begins on Your Knees

마이크(Mike)는 주일 저녁 아내와 함께 한 식당에서 저녁
식사를 한 후 집으로 돌아왔다. 그는 뒷좌석에서 성경과
주일학교 교재 그리고 출석부를 집어든 후 서재로 갔다.

서재의 문을 닫은 후, 마이크는 출석부를 펴고 학생들
의 이름을 대면서 기도하기 시작했다. 마이크에게 각 이
름은 하나님께서 자신으로 하여금 특별히 지키라고 자
신에게 맡기신 사람들을 의미했다. 주일 오후 이 기도시
간은 그 주에 있을 여러 번의 기도시간 중 첫 번째 시간
이었다.

마이크는 가르칠 기회를 주신 것에 대해 하나님께 감사

했다. 매주 그는 학과를 가르치면서 학생들이 하나님이나 자신들에 관해 새로운 것을 깨닫게 될 때 그들이 보이는 반응을 보면서 성취감을 느꼈다. 그는 또한 그날 아침 수업에 참석했던 각 사람에 대해 하나님께 감사했다.

그는 잠시 교사로서의 자신의 부족한 점을 용서해 달라고 하나님께 기도했다. 이렇게 기도할 때마다, 반 학생들 중 몇 학생이 씨름하고 있는 문제들과 그가 그들을 위해 기도하는 문제들이 떠올랐다.

마이크는 교사용 교재를 잠시 보았다. 그리고 다음 주의 학과 주제를 살핀 후 곧바로 학생들에게 그 학과의 진리들을 바르게 전하게 해달라고 기도했다.

한 시간이 지날 때까지, 기도하는 중 반 학생들의 모든 이름이 여러 번 언급되었다. 그 시간이 그 주간에 그들을 위해 기도하는 유일한 시간은 아니었지만, 마이크는 주일 오후에 한 시간동안 헌신적으로 학급을 위해 기도했다. 이 따금 주일학교에서 가르치는 그의 실제 사역은 주일 오후에 학생들을 위해 기도하는 만큼 만족스럽게 진행되지 않는다는 느낌이 들기도 했다.

## 당신의 수업을 위해 기도하는 다섯 가지 방법

당신이 기도로 자신을 준비하기 전까지, 당신은 가르칠 준비가 되어 있지 않은 것이다. 기도로 준비하는 것은 기도를 하고 당신의 수업을 인도하는 것 그 이상과 관계가 있다. 기도로 준비하는 것은 또한 당신의 연구 시간과 준비 시간을 축복해 달라고 하나님께 요청하는 것 그 이상을 의미한다.

첫째로, 배움의 영(a teachable spirit)을 위해 기도하라. 당신이 (주님의) 가르침을 잘 따를 수 있게 해달라고 하나님께 기도하라. 다른 사람들을 가르칠 수 있기 전에, 당신은 교사 중의 교사이신 예수님(the Master teacher)으로부터 가르침을 받아야 한다. 당신이 가르치게 될 성경 말씀(Scripture lesson)을 연구할 때, 당신의 연구를 인도해달라고 하나님께 요청하라. "내 눈을 열어서 주의 법의 기이한 것을 보게 하소서"(시 119:18)라고 했던 다윗처럼 기도하라. 기도할 때, 당신에게 기꺼이 배우려는 마음이 있음을 분명히 하라. 예수님은 "사람이 하나님의 뜻을 행하려 하면 이 교훈이 하나님께로서 왔는지 내가 스스로 말함인지 알리라"(요 7:17)라고 말씀하셨다.

둘째로, 당신의 수업에서 역사하시는 성령의 가르치는 사역을 위해 기도하라. 때때로 당신은 당신이 교실에서 (가르침의) 유일한 통로인 것처럼 느낄지도 모른다. 그러나 당신은 유일한 통로가 아니다. 예수님은 "그러하나 진리의 성령이 오시면 그가 너희를 모든 진리 가운데로 인도하시리니"(요 16:13)라고 약속하셨다. 예수님은 또한 "보혜사 곧 아버지께서 내 이름으로 보내실 성령 그가 너희에게 모든 것을 가르치시고 내가 너희에게 말한 모든 것을 생각나게 하시리라"(요 14:26)라고 말씀하셨다. 이 약속은 성령께서 당신을 통하여 가르치시는 교사가 되심을 말하는 것이다. 성령은 당신 안에 거하시고 당신을 통해 다른 사람들을 가르치기를 원하신다.

셋째로, 학과를 준비할 때 인도해 달라고 기도하라. 성경 앞에 앉아 학과를 준비하는 동안, 당신의 연구를 지도해 달라고 하나님께 기도하라. 대부분의 그리스도인들은 식사를 하기 위해 식탁에 앉을 때 음식을 축복해 달라고 하나님께 요청하는 습관을 가지고 있다. 마찬가지로, 당신이 연구를 위해 책상에 앉을 때 하나님께 그분의 말씀을 축복해 달라고 기도하는 습관을 가져라. "너는 마음을 다하여 여호와를 의뢰하고 네 명철을 의지하지 말라 너는 범사에 그를 인정하라 그리하면 네 길을 지도하시리라"(잠 3:5-6).

넷째로, 당신의 반 학생들을 위해 기도하라. 하나님의 말씀을 가르치는 것은 영원한 결과를 가져오는 중대한 사업(business)이다. 당신은 가르칠 때 각 학생의 운명을 변화시키려고 시도하는 것이다. 잃어버린 학생들에게는 구원의 기회를 제공하고, 타락한 학생들에게는 회개하도록 하는 권고가 될 것이다. 당신은 학생들의 마음(heart)에 이런 변화가 일도록 영향을 끼칠 수 없다. 그것은 오직 하나님만이 하실 수 있는 일이다. 그러므로 죄에 대한 확신(요 16:7-11)을 위해 기도하고, 성경의 영향(롬 1:16)을 위해 기도하며, 각 학생의 삶 속에 성령의 역사(행 1:8)를 위해 기도함으로 하나님의 능력을 적절히 활용하라.

다섯째로, 당신이 가르치는 학생의 성장을 위해 기도하라. 하나님은 자신의 사역의 확장을 위해 기도하는 사람들의 기도에 응답하신다. 그러나 기도만으로는 주일학교를 세울 수 없다. 하나님은 그분이 우리에게 하라고 명하신 일을 대신 하지 않으실 것이다. 하나님은 우리로 하여금 사람들에게 다가가라고 명하신다. 주일학교 반은 교사들이 한 주간 동안 방문하고 전화를 걸고 편지를 쓰고 그리고 기도하느라 바쁠 때 성장한다.

주일학교 교사의 가장 효과적인 사역은 하나님 앞에서 기도하는 그의 무릎에서 달성된다.

## 7장

# 행동은 말보다 더 크게 말한다

Your Actions Speak Louder Than Words

주일학교 3학년을 맡을 교사 한 사람이 필요하게 되었을 때, 밥(Bob)은 교인으로 신실하게 교회에 출석하고 성경을 진지하게 연구하는 사람을 찾기 시작했다. 주일학교 교장으로서, 그는 새로운 교사들을 찾는 일을 맡고 있었다. 그는 메리 베쓰(Mary Beth)를 염두에 두었는데, 그녀는 자신이 출석하는 한 성경공부반(ladies' s class)에서 매주 공부하는 학과를 잘 이해했다. 뿐만 아니라 그녀는 평소 성경 공부를 성실하게 준비해 왔다. 밥은 예배 후 메리 베쓰를 만났을 때, 그녀가 3학년 소녀들과 함께 사역하는 것에 관심이 있는지 그녀에게 물었다. 메리 베쓰는 어떻게 해야 좋을지 알지 못했다. 그녀는 한번도 주일학교에서 가르쳐 본 경험이 없었다. 심지어 그녀는 주일학교 교사가 어떤 일을 하는지도 정확하게 알지 못했다. 그녀는 자신을 가르쳤던 주일학교 교사들을 당연하게 생각했다. 그들 중 몇 사람은 그녀의 삶에 중요한 영향을 주었지만, 가르친다는 생각은 한번도 해본 적이 없었다. 확실하게 결정을 내리지 못하고 있을 때, 메리 베쓰는 밥과 만나 주일학교 교사의 역할을 맡을지의 여부를 상의하기로 했다.

세상에는 주일학교와 같은 다른 기관이 존재하지 않는다. 그래서 우리는 주일학교 교사의 역할을 어떤 것에 비교하여 정의를 내릴 수 없다. 그것에 대해 기술하고자 한다면, 우리는 하나님의 말씀을 보아야 한다.

## 주일학교 교사의 역할

교회는 제각기 다르기 때문에 각 교회에서 교사들을 선발하는 특정한 기준들도 서로 다를 것이다. 한 가지 표본적인 기준을 서술해 보면, 다음과 같다.

"이 주일학교에서 사역하는 모든 임명된 사역자들은 구원의 확신이 있어야 하고 교회의 등록 교인이어야 하며 교회의 교리적 입장에 동의해야 한다. 그들은 충실하게 교회에 출석해야 하고 충실하게 헌금 생활을 해야 하며 충실하게 기독교적 삶을 살려고 노력해야 한다."

주일학교 교사들은 거듭난 신자들이어야 할뿐만 아니라 자신들의 삶에서 하나님의 역사를 체험한 경험이 있어야 한다. 구원을 얻지 못한 사람들에게 예수 그리스도의 복음을 전할 자격이 있으려면, 그들은 그들 자신이 구원의 확신을 가지고 있어야 하며, 매일 하나님의 성령에 순종하면서 일관된 영적 삶을 유지해야 한다. 이것을 위해 그들은 스스로 하나님의 말씀으로 자신들을 먹일 수 있어야 한다.

주일학교 교사들은 지역 교회와 견해를 같이해야 한다. 그래야 목적에서 갈등이 없게 된다. 즉, 견해를 같이할 때, 학생들은 주일학교와 예배 모두에서 같은 성경적 교리를 배우게 된다.

주일학교 교사의 가장 중요한 역할은 자기가 맡고 있는 주일학교 학생들의 목자가 되는 것이다. "목자"(shepherd)를 의미하는 본래의 단어는 "목사"(pastor)로 번역된 단어이다. 그것이 의미하는 바, 주일학교 교사는 목사가 더 큰 양떼에 대해 책임을 지는 것과 마찬가지로, 자신의 양들에 대해 같은 책임을 지닌다는 것이다. 목사가 하나의 본보기이라면, 주일학교 교사도 하나의 본보기이다. 목사가 하나님의 말씀을 가르쳐야 하는 것처럼, 주일학교 교사도 하나님의 말씀을 가르쳐야 한다. 목사가 결석자들을 심방 해야 하는 것처럼, 주일학교 교사도 길 잃은 학생들을 찾아다녀야 한다.

사도행전 20장 28-30절에 암시되어 있듯이, 목사의 3가지 책임이 주일학교 교사와 어떤 관계가 있는지에 주목하라.

1. **양떼를 인도하라.** 바울은 에베소의 장로들에게, 그들은 삼가 하나님을 따르고 또 하나님께서 하나님 자신을 따르게 하도록 그들에게 맡겨준 양떼를 인도해야 한다고 말했다. 리더는 본을 보이면서 인도해야 한다. 주일학교 교사는 무엇보다도 영적 리더이다.

2. **양떼를 먹이라.** 목사가 양떼를 먹이듯이, 주일학교 교사도 자신의 학생들에게 하나님의 말씀을 공급해야 한다. 교사는 고학년 학생들에게는 강의와 이야기 그리고 질문과 응답 방식의 토론(question-and-answer discussion)을 사용하여 가르치고, 저학년 학생들에게는 지침을 제공해 주는 대화를 사용하여 가르친다. 교사는 시각 자료들과 반복과 설명을 사용한다. 교사는 모

든 학생에게 다가가 가르치기 위해 가능한 모든 수단을 사용해야 한다.

3. **양떼를 돌봐라.** 바울은 장로들에게 "흉악한 이리"가 양떼를 말살하려고 밖에서 들어 올 것이라고 경고했다(29절). 그러므로 그들은 조심해야 했다. 바울은 또한 어떤 이리들은 양떼를 흐트러뜨리기 위해 양떼 안에서부터 나타날 것이라고 경고했다. 목자가 자신의 양들을 지켜야 하는 것처럼, 목사는 자신의 회중을 지켜야 한다. 이 예를 따라, 주일학교 교사는 자신의 주일학교 양떼를 보호해야 한다. 이것은 두 주간 연달아 결석하는 학생에게 주의를 기울여야 함을 의미한다. 교사는 카드를 보내거나 전화로 학생과 접촉하거나 개인적으로 심방을 해야 한다. 교사는 길 잃은 양들을 돌본다. 아픈 사람들은 더욱 신앙으로 그들에게 용기를 북돋아줄 "위로의 전화"(protective call)를 필요로 한다. 집으로 찾아가는 교사가 교회에 가는 학생을 만든다는 옛말은 오늘날도 여전히 옳다.

## 8장

# 정말로 중요한 것은 한 가지이다

One Thing Is Really Important

한 초보 주일학교 교사가 자신의 반 학생들에게 아무 것도 이해시킬 수 없을 것 같은 생각이 들어 좌절감을 느꼈다. 그녀는 도움을 구하기 위해 자신이 제일 좋아하는 주일학교 고등부 학생들을 맡고 있는 교사를 찾아갔다. 그 고등부 교사는 (무슨 문제인지) 알겠다는 표시로 고개를 끄덕이면서 이렇게 말했다. "나의 문제는, 내 생각에 선생님이 직면하고 있는 문제와 같은 것이었어요. 내가 처음 가르치기를 시작했을 때, 매주 나는 내가 알고 있는 모든 것을, 또는 최소한 교재에 나와 있는 것을 모두 가르쳐야 한다고 생각했어요. 그 때 나는, 만일 내가 알고 있는 것을 배우는데 20년이 걸렸다면, 아마 학생들도 성경을 배우는데 시간을 필요로 한다는 것을 깨달았지요. 내가 각 학과를 정말로 중요한 한 가지 개념에 초점을 맞출 때, 나는 더 나은 교사가 되었고 주일학교는 더 유쾌하게 되었답니다."

많은 교사들이 아주 제한된 시간에 자신들이 전하기를 바라는 방대한 양의 성경의 가르침과 씨름한다. 주일학교 교사가 어떻게 실제로 30-40분 정도의 교육 시간에 교사용 교재에 있는 모든 것을 다룰 수 있겠는가? 효과적인 교사들은 각 학과를 한 가지 중심 진리에 한정하는 것을 알고 있다. 한 가지 원리를 가르치는 것이 각 수업에서 더 나은 가르침과 배움을 촉진시킨다. 그리고 학습자들이 한 가지 기본 원리를 이해할 때, 그들은 종종 그들 스스로 나머지를 이해할 수 있게 된다.

학과 계획을 준비할 때 첫 번째 단계들 중 하나는 그 학과의 한 가지 중심 진리 또는 주제를 확인하는 것이다. 만일 당신의 학과가 그 중심 진리를 중심으로 세워지지 않는다면, 당신의 반 학생들은 배우려는 자극을 받지 못할 것이다. 만일 당신이 한 번의 수업에서 너무 많은 것을 전하려고 한다면, 학생들은 혼란을 느끼게 되고 그로 인해 낙

담하게 될 것이다.

당신은 학과를 연구하는데 시간과 에너지를 투자함으로써만 그것의 중심 진리를 찾을 수 있다. 이것은 무심히 성경의 구절을 읽는 것 그 이상과 관계가 있다. 첫째로, 당신은 학과 준비를 위해 사용할 일정한 시간과 장소를 필요로 한다. 가능하다면, 당신의 연구를 한 자리에서 한번에 끝내기보다는 며칠 간 여유 있게 해 가라. 그렇게 함으로, 당신은 학과 내용을 숙고하고 그 중심 진리를 확인하는 시간을 갖게 될 것이다.

만일 당신이 공과(curriculum)를 사용한다면, 학과 제목과 독서 과제 그리고 암기 과제에서 도움을 받아라. 공과 저자들(curriculum writers)은 대개 이 모든 영역을 중심 교훈과 연관시킨다. 어떤 저자들은 그 학과 전의 진술에서 그 학과의 주요 강조점을 진술하기도 한다. 만일 당신이 중심 주제를 확인해주는 자료를 사용한다면, 설사 당신의 강조점이 종종 그 학과 지침서에 제시된 것과 비슷하다 할지라도 놀라지 말라.

그러나 그것이 항상 그런 것은 아니다. 당신이 중심 진리를 찾으려할 때, 당신의 반 학생들이 지닌 고유의 필요를 고려하라. 비록 커리큘럼 자료들이 도움이 된다하더라도,

어떤 저자도 학습자들의 필요에 꼭 맞는 자료를 만들지는 못한다. 당신의 학생들이 지닌 특유의 개성과 필요에 대한 당신의 통찰력을 사용하여 학과의 중심 주제를 그것들에 맞게 고쳐라.

일단 당신의 중심 주제를 확인했다면, 당신이 가르치기를 원하는 그 학과의 주요 진리를 구체적으로 진술하는 하나의 문장을 써라. 그런 다음 손을 놓고 당신의 진술을 평가해 보라. 존 사이즈모어(John Sisemore)는 『가르침을 위한 청사진』(*Blueprint for Teaching*)에서, 당신이 당신의 중심적인 가르침의 주제를 평가하는데 도움이 되는 여덟 가지 질문을 제시한다.

1. 그 진술은 학과 전체의 핵심을 반영하는가?
2. 그 진술은 학과 제목이 제시하는 아이디어를 정확하게 설명하고 있는가?
3. 그 진술은 성경 진리의 기본 원리를 설명하고 있는가?
4. 그 진술은 그 학과의 기억해야 할 부분의 요지를 포함하는가?
5. 그 진술은 공부할 단원과 맞는가?
6. 그 진술은 현재 생활의 관심사나 문제 또는 필요를 나

타내는가?

7. 그 진술은 당신의 반에 적합하다고 여겨지는가?

8. 그 진술은 그 주제에 대한 성경의 모든 가르침에 부합하는가?

만일 당신의 학생들이 한 가지 중요한 성경의 진리를 배우고 한 주간 그것을 그들의 삶에 적용하기 시작했다면, 그 다음 주일에 어떤 일이 일어날까? 아마도 그렇게 많은 일이 일어나지는 않을 것이다. 그러나 만일 매주 그렇게 한다면, 어떻게 될까? 만일 당신이 한 해 동안 그 반을 가르친다면, 당신의 학생들은 52가지의 삶을 변화시키는 성경의 원리를 배우고 그 과정에서 중요한 영적 성장을 경험하게 될 것이다. 그때 그것은 효과적인 가르침이 된다!

---

1) John Sisemore, *Blueprint for Teaching* (Nashville, TN: Broadman Press, 1964), n.p.

## 9장

# 가는 곳을 알아야 반을 인도할 수 있다

You Can't Lead Your Class Until You Know Where You're Going

젊은 사업가인 데이브(Dave)는 그의 주일학교 반을 가르치는 데 어려움을 겪고 있었다. 간이식당에서 햄버거를 먹는 동안, 그는 무엇이 잘못되었는지 분석하기 시작했다. 그는 음료수를 다시 채우러 갔을 때에도 여전히 자신의 반에 대해 생각하고 있었다. 데이브는 음료수 자동 공급기 옆쪽에 그 식당의 사명(mission)을 알리는 보통의 작은 액자가 걸려 있는 것을 보았다. 그것을 보다가, 문득 한 가지 사실을 깨달았다. 그 식당은 사업 방향과 목적을 규정하는 사명 진술(mission statement)이 있었기 때문에 성공적이었다. 반면, 데이브는 가르칠 때 자신의 가르침이 어디로 향하고 있는지 알지 못했다. 그리고 학생들도 그리스도 안에서 자라갈 때 자신들이 어디로 향하고 있는지 알지 못했다.

데이브는 문득 미래에 대한 계획을 세우고 미래에 대한 비전을 갖기 전까지 학생들의 삶에 아무 것도 일어나지 않을 것을 깨달았다. 이것은 그가 이미 알고 있는 원리였지만, 웬일인지 그는 결코 그것을 자신의 주일학교 반에 적용하지 않았다. 그는, 만일 아무런 목적(aim)도 세우지 않는다면 어떤 것도 성취할 수 없다는 것을 깨달았다. 데이브는 테이블로 돌아온 후 냅킨 위에다 자신이 학생들에게 영향을 주기 원하는 그들의 삶의 영역들에 대해 적기 시작했다.

## 목적을 설정하는 기술

가르치는 목적(교수 목적)은 각각의 학생 안에 배움을 낳는 필적할 것이 없는 가장 효과적인 기술이라는 것을 효과적인 교사들은 알고 있다. 가르치는 목적이란 특정 학과에서 당신의 주된 목적을 분명하고 간결하게 진술하는 것을 말한다. 사도 바울에게는 그의 사역을 이끌어주는 하나의 분명한 목적-"오직 한일(빌 3:13)-이 있었다. 어떤 교사들은 공과에 있는 성경의 구절을 만나게 될 때 그것에 대해 설명하려고 하면서도, 가르치는 목적을 활용하려고 하지는 않는다. 물론 그것은 사도들이 선택한 방법이 아니다. 바울은 골로새 교인들에게 그의 가르침의 궁극적인 목적을 다음과 같이 설명했다. "우리가 그를 전파하여 각 사람을 권하고 모든 지혜로 각 사람을 가르침은 각 사람을 그리스도 안에서 완전한 자로 세우려 함이니"(골 1:28). 그는 젊은 제자 디모데에게 그의 가르침의 목적을 더 자세히 설명했다. "경계의 목적은 청결한 마음과 선한 양심과 거짓이 없는 믿음으로 나는 사랑이거늘"(딤전 1:5).

사도들은 또한 특정 학과들의 내용을 결정하기 위해 더 직접적인 목적들을 사용했다. 바울은 아레오바고 철학자들에게 연설할 때, 그들의 목적-"알지 못하는 신에게"(행 17:23)-을 자신의 목적으로 고쳐 말했다. 후에 그가 아그립바 왕 앞에 섰을 때, 그의 목적은 복음을 전하는 것이었다(행 26:29).

## 세 가지 종류의 목적

하나님은 인간을 지성과 감정과 의지를 지닌 존재로 창조하셨다. 당신은 세 가지 모두에 호소하기를 원할 것이다. 그러나 동일한 학과에서 항상 그렇게 하지는 못할 것이다. 가르칠 학과의 특성과 학생들의 특정한 필요와 인성은 그 세 가지 가르침의 목적들 중 매주 당신이 어느 것을 강조할 것인지를 결정하는 것을 도울 것이다.

1. **지성을 채워라.** 교육 목적은 본질적으로 자료(material)에 대한 학생의 지식이나 이해를 증대시키는 것과 관계가 있다. 이것은 에스라와 가르치는 다른 성직자들이 "하나님의 율법 책을 낭독하고 그 뜻을 해석하여 백성으로 그 낭독하는 것을 다 깨닫게"(느 8:8)할 때 에스라의 가르침의 사역을 특징짓는 목적이었다.

2. **감정을 움직여라.** 감화의 목적(an inspirational aim)은 본래 인간의 감정에 호소한다. 감화의 목적은 본래 태도를 변화시키거나, 학습자들이 죄에 대한 회개의 필요성과 같은 주요 개념들을 이해하는 것을 돕기 위해 그들로 하여금 잃어버린 양과 잃어버린 드라크마, 그리

고 잃어버린 탕자와 같은 이야기들의 감화를 깊게 느끼도록 돕는 것과 관계가 있다.

3. **의지력을 자극하라.** 동기 부여의 목적은 본래 학습자들로 하여금 행동이나 태도에 대해 결단을 하게 하고, 그들의 지식을 적용함으로써 행동을 하게 하여 결과적으로 변화된 삶을 살게 하는 것과 관계가 있다. 예를 들면, 예수님은 사람들로 하여금 기도하도록 격려하기 위해 비유의 말씀을 하셨다(눅 18:1). 그분은 "하나님의 말씀을 듣고 지키는 자가 복이 있느니라"(눅 11:28)라고 선포하셨다.

당신이 가르침의 목적을 선정할 때 그것에 영향을 미치게 될 세 가지 요소가 있다. 첫째, 당신의 목적은 당신이 가르치려고 계획하는 내용에 의해 영향을 받을 것이다. 둘째, 당신의 목적은 학습자들의 특정한 필요에 의해 영향을 받을 것이다. 셋째, 당신의 목적은 당신이 학생들로 하여금 내리게 하기 원하는 장기적인 결정에 의해 영향을 받을 것이다.

하나의 목적을 선택하려 할 때, 교사들은 다음의 기본적인 물음들을 묻는 것이 도움이 됨을 알게 될 것이다.

1. 나는 누구를 가르치고 있는가?

2. 나는 무엇을 가르치고 있는가?

3. 나는 무엇을 성취하려고 하는가?

4. 나는 이 학과에서 무엇을 성취하기를 원하는가?

## 좋은 가르침의 목적 쓰기

당신의 학과 준비의 일환으로, 각 학과를 위한 가르침의 목적을 쓰는 습관을 가져라. 첫째, 교사로서 당신의 관점에서 당신의 목표(objective)를 진술하라. 이것은 대개 동사를 부정사 형태(to+동사-역주)로 사용하는 것과 관계가 있다. 교사는 (지적 목적들을) 가르치거나 전달하는 계획을 세우거나, (감정적 목적들을) 격려하거나 북돋아 주는 계획을 세우거나, 또는 (의지적 목적들을) 요청하거나 수반하는 계획을 세운다. 교사의 행위를 기술하는 동사는 당신이 사용하고 있는 목적이 어떤 유형인지를 나타내준다.

둘째, 당신의 목적은 당신이 하고자 하는 특정한 학습 활동을 나타내는 진술을 포함해야 한다. 다시 말하면, 특정한 학습 목표를 확인하기 위해 동사를 사용하라. 교사는 학습자들로 하여금 (지적 목적들을) 알거나 이해하도록,

(감정적 목적들을) 느끼거나 충분히 인식하도록, 또는 (의지적 목적들을) 적용하거나 결단하도록 이끌어 줄 계획을 세워야 한다.

셋째, 좋은 목적은 당신이 성취하기를 원하는 특별한 변화를 확인해 줄 것이다. 교육 목적에서, 이 변화는 새로운 지식을 습득하는 것이 된다. 감화의 목적은 변해야 하거나 개발해야 할 특정한 태도 또는 감정에 대해 언급한다. 동기 부여의 목적은 취해야 할 특정한 행동에 대해 말한다.

넷째, 가장 좋은 목적들은 간결하게 진술된다. 쓰여진 목적이 길수록, 학과를 가르칠 때 그것을 성취할 가능성은 그만큼 더 희박해진다. 만일 당신이 간결하지 못하다면, 그것은 종종 당신이 성취하기 원하는 것을 정확하게 숙고할 시간을 갖지 못한 결과이다.

마지막으로, 학과를 가르치기 전에 당신의 목적을 평가할 시간을 가져라. 『가르침을 위한 청사진』(*Blueprint for Teaching*)에서, 존 사이즈모어(John Sisemore)는 당신이 당신의 가르침의 목적을 평가하는데 도움이 될 여섯 가지의 물음을 제시한다.

1. 그것은 기억할 만큼 충분히 간결한가?

2. 그것은 필요를 충족시킬 만큼 충분히 특정한가?

3. 그것은 분명할 만큼 충분히 명백한가?

4. 그것은 성취할 수 있을 만큼 충분히 실제적인가?

5. 그것은 참여를 자극할 만큼 충분히 흥미로운가?

6. 그것은 궁극적 목적을 지원할 만큼 충분히 타당한가?

당신이 어디로 가고 있는지를 알 때, 그 여행은 언제나 더 즐거운 여행이 될 수 있다. 이번 주에 당신의 가르침의 목적을 쓰기 시작하라. 그러면 당신은 더 효과적으로 가르칠 수 있게 될 것이다.

## 10장

# 학과 개요를 개발하는 것이 중요하다

Developing a Lesson Outline Is Important

메리 루(Mary Lou)는 탁자 위에 널려져 있는 종이들을 보았다. 그녀는 매일 조금씩 시간을 내어 가르칠 학과를 공부하는 것이 기뻤다. 그러나 그녀에게는 다루어야 할 내용이 아주 많이 있었다. 그녀는 어디에서 시작해야 할지 알지 못했다. 어떻게 학과를 개발해야 할지 막막해 보였다. 어린아이들을 위한 학과라고 하더라도, 이치에 맞게 개발할 필요가 있었다.

메리 루는 자신의 메모들과 교사용 책들을 계속해서 통독해 가다가, 그 곳에 다른 사람이 아무도 없었음에도 갑자기 "바로 이거야!" 라고 소리를 질렀다. 그녀는 자신이 학과를 개발할 수 있는 방법에 대한 한 가지 예를 발견한 것이었다. 그녀는 종이 3장을 잡고 각각의 종이 위에 한 가지씩 주제를 썼다. 그런 다음, 그 메모들을 그 위에 한 장 한 장 분류해 놓기 시작했다. 그녀가 주목했던 통찰을 써놓은 메모들 가운데에는 그 세 가지 부분 중 어느 하나에 정확하게 맞아떨어지지 않는 것들도 적지 않게 있었다. 하지만, 자료는 실제로 그렇게 중요한 것이 아니라고 그녀는 결론을 내렸다.

## 당신의 학과를 위한 구조 찾기

한 사람의 교사가 매주 직면하는 문제들 중 하나는 학과를 작성할 바른 구조를 찾는 것이다. 몸의 근육이 골격을 중심으로 형성되듯이, 당신의 학과 내용은 당신의 현재 진리를 도울 구조와 학생들로 하여금 학과를 기억하도록 도울 구조를 필요로 한다. 그 구조는 종종 학과 개요(lesson outline)라고 일컬어진다.

개요는 당신이 길을 잃지 않고 목적지에 도착하는 것을 도와주는 도로 지도(road map)와 같은 것이다. 개요에는 주요한 요점들과, 해당 학과와 관련되어 있는 하부 요점들이 논리적인 순서로 실리게 된다. 유년부 어린이들을 위한 공과 가운데에는 함께 제공되는 유용한 성경 개요들(Bible Tucks-in) 또는 다른 개요들이 포함되어 있다. (만일 당신이 어떤 공과도 가지고 있지 않다면, 복음의 빛 공과(Gospel Light curriculum)는 당신의 성경 속에 끼워 넣고 떼어내면서 사용할 수 있는 교수 종이들을 제공한다. 이 성경 개요들은 초기 아동기부터 성인 단계에 이르기까지 사용이 가능하다.)

자신들의 개요를 확실하게 준비하지 않은 교사들은 (확실하게 준비한 교사들보다) 학과를 가르치는 동안 학과에서 벗어나기가 더 쉽다. 그것은 결국 학습자들을 망치게 하는 것이 된다. 좋은 개요들을 사용할 때, 당신은 당신의 중요한 원리들을 기억하는 것이 쉽다는 것과, 효과적인 방법으로 더 잘 전할 가능성이 높다는 것을 알게 될 것이다.

## 학과 개요를 준비하기

당신이 당신의 학과 개요를 준비할 때, 가르칠 다양한 개념들을 그것들의 상대적 가치에 따라 순서를 정하라. 교사들마다 다른 방식으로 이 과제에 접근한다. 당신은 일련의 질문들과 대답들을 중심으로 학과 개요를 작성하는 쪽을 택할 수도 있다. 이미 제안되어 있는 일련의 진술을 중심으로 학과를 작성하는 것도 또 하나의 선택이 될 수 있다. 경우에 따라, 당신은 가정을 전개하면서, 논증의 논리(logic of argument)를 따를 수도 있다. 문제들을 진술하고 푸는 것도 좋은 방법이 될 수 있다. 다른 학과들은, 그 학과 개요가 가르치려고 하는 개념을 강조하는 일련의 주요 단어들-그것들이 이해되기만 한다면-에 근거할 때, 가장 잘 가르쳐질 수 있다. 또는 많은 성경 교사들과 같이, 당신은 단락을 한 구절씩 설명하는 방법을 선택할 수도 있다.

당신의 학과 개요가 취하는 특정한 형태와 관계없이, 그것은 당신이 논의하기를 원하는 모든 것을 넓게 다루어야 한다. 당신의 학과 개요를 상세히 쓰는 시간을 가져라. 당신이 그 개요를 기억하는 것이 쉬운지 아니면 어려운지를 정하라. 만일 당신이 그것을 기억하는데 어려움이 있다면, 아마도 당신의 학생들은 기억하는데 훨씬 더 큰 어려움을 겪게 될 것이다. 때때로 당신의 개요에서 각 행의 첫 글자 또는 마지막 글자를 짜 맞출 경우 하나의 단어가 되는 희시(戱詩)나 두운법(alliteration)을 사용하면, 당신과 당신의 학생들이 학과를 더 쉽게 이해할 수 있을 것이다. 어떤 주일학교 교사는 그의 장년 성경공부 반원들에게 지역 교회는 예수 그리스도의 신부라고 상기시킨 다음에, "아내"(WIFE)라는 단어를 사용하여 교회 생활의 4가지 기능-예배(Worship), 교수(Instruction), 교제(Fellowship), 복음전도(Evangelism)-을 설명했다.

아마도 여기에서 당부의 말을 한 마디하는 것이 좋을 듯 싶다. 당신의 개요가 두운법과 같이 형식에 잘 맞아 기억하는데 도움이 된다면, 그것을 적극 활용하라. 그러나 모든 학과 개요를 억지로 이 형태에 맞춰 넣으려고 하지는 마라. 고어를 사용하거나 새로운 표현들을 만들어 사용하는 것은 학생들로 하여금 당신이 가르치는 것을 온전하게 기억하도록 하는데 도움이 되지 못할 것이다. 그들은 당신이 전하려고 하는 실제 메시지보다는 당신의 창의력에 더 감명을 받고 교실을 나설지도 모른다.

당신의 학과 개요를 일단 썼으면, 그것의 내용을 점검하라. 당신이 당신의 학과를 가르치기 전에, 그것을 실제로 가르칠 수 있을 정도로 숙달하라. 당신은 가르칠 때 당신 앞에 당신의 학과 개요 노트를 놓고 가르치기 원할지도 모른다. 그러나 당신은 학과 수업을 진행해 가는 동안, 당신이 그것에 매이지 않을 만큼 충분히 당신의 학과 개요를 분명하게 잘 알고 있도록 해야 한다.

대개 당신의 학과 개요는 당신의 가르침을 이끌어주는 도구이다. 그러나 교사가 반을 위해, 특히 성인들을 위해 자신의 학과 개요를 프린트하여 나누어주는 것도 유용한 방법이다. 이것은 당신이 수업 시간에 가르칠 내용이 많을 경우에 유용하다. 어떤 교사들은 칠판이나 괘도를 사용하여 학급 개요를 쓰려고 할 것이다. 그리고 지금은 파워포인트와 프로젝터가 널리 보급되고 있기 때문에 그것들을 활용하여 당신의 학과 개요를 다루는 것도 유용한 방법이 될 것이다.

좋은 가르침의 목적은 당신으로 하여금 가르칠 중요한 내용을 평가하는 것을 돕는 것처럼, 하나의 좋은 학과 개요는 당신으로 하여금 그것을 전달하는 최선의 방법이 무엇인지를 결정하는 것을 돕는다.

## | 11장 |

# 학생들은 말하면서 배운다

Students Learn When They Talk

"제가 우리 주일학교 반에 대해 가장 맘에 드는 점은 우리가 질문을 할 수 있다는 거예요. 선생님이 학과를 설명하는 것을 잘 듣는 것도 중요한 일이지만, 그러나 저는 모든 사람들이 토론에 임할 때 가장 잘 이해하게 되거든요"라고 레이(Ray)는 수업 후에 말했다.

토론은 그 자체의 생명력을 가지고 있기에 당신의 가르침을 변화시킬 수 있다. 다수의 반 학생들이 생각을 함께 나눌 때, 나머지 학생들은 편안한 마음으로 그들 나름의 기여를 한다. 기여를 하는 학생들은 각자 자신의 관점과 배경을 토대로 토론의 몫을 분담한다. 결과적으로, 각 사람은 새로운 정보를 나누거나 성경을 해석하거나 또는 학과를 적용하게 된다.

토론은 학습자가 중심이 된다. 학생들은 그들이 듣고 이해하고 그들 자신의 말로 당신이 설명하는 학과들을 설명할 수 있을 때까지 그것들을 진정으로 배운 것이 아니다. 전형적으로, 교사는 촉진자이며 교사의 촉진시키는 능력은 토론의 효율성을 결정하는 요인이 된다. 그래서 좋은 질문을 하는 것이 중요하다.

유년부 어린이들을 가르치는 교사는 그들의 인지 능력에 따라 질문을 구성하는 것이 중요하다. 예를 들면, 어린이들은 지식과 관련된 질문(knowledge questions)-누가? 무엇을? 언제? 어디서? 왜?-에 답할 수 있다. 그들은 또한 "정확한" 답을 요구하는 질문이 아니라 토론을 촉진시키는 이해와 관련된 질문(comprehension questions)에 답할 수 있다. 예를 들면, "탕자가 집에 돌아왔을 때 아버지가 그의 목을 끌어안았는데, 여러분은 그때 그가 어떤 느낌을 받았을 거라고 생각하죠?"와 같이 물을 수 있다. 적용과 관련된 질문(application questions)은 어린 학습자들이 개인적으로 정보를 사용하는 것을 돕는다. "여러분은 탕자가 집에 돌아오자 아버지가 힘껏 끌어안았을 때 그가 느꼈을 것 같은 그런 느낌을 받은 적이 있나요? 있다면, 언제 그랬죠?"교사는 학생이 적용에 관련된 질문에 응답하는 방식을 보면서, 학습이 진행되고 있는지 그리고 각 학생의 심장에 영향을 주고 있는지를 평가할 수 있다.

당신의 그룹이 나누는 교제의 성격과 질에 따라 토론의 좋고 나쁨이 결정될 것이다. 학생들이 자기의 의사를 표현하기보다는 소극적으로 몸을 빼고 물러나 있으려는 경향이 강한 그룹에서는 참여를 기대하기가 어렵다. 토론의 질을 높이기에 앞서 먼저 반 학생들 사이의 교제의 질을 높이는 일에 힘써라.

## 토론의 진행을 유지하기

일단 학급이 참여하게 되면, 교사는 계속 한 가지 목적(goal)을 향하여 토론을 이끌어 가야 한다. 교사는 (그 토론을 위한) 분명한 목적(purpose)을 가지고 있어야 하고 목적을 달성하기 위해 계획해야 하며 계속해서 그 방향으로 이끌어 가야 한다.

토론이 가장 수월하고 가장 흥미 있는 가르침의 방법들 중의 하나인 반면, 그것은 여러 가지 복잡한 문제와 위험도 내포하고 있다. 토론에는 두 가지의 어려운 점이 있다. 첫 번째 어려운 점은 학생들로 하여금 말을 하게 하는 것이다. 아마도 교사로서 당신은 전혀 진행이 되지 않는 토론을 진행해 본 경험이 있을 것이다. 그러나 해당 그룹의 연령 단계에 관심을 끄는 용어로 주제를 설명하고 그들의 경험과 관계가 있는 사건들을 사용함으로, 당신은 거의 어떤 그룹에 대해서도 토론에 참여하도록 격려할 수 있다. 하지만 당신은 먼저 학생들이 서로에게 평안함을 느낄 수 있는 기회를 제공하는 것을 잊지 마라.

두 번째 어려운 점은 모든 사람들이 한꺼번에 말하려고 할지도 모른다는 것이다. 이런 문제에 직면하는 교사는 분명한 태도로 질서를 잡아줄 필요가 있다. 주저하지 말고 공적인 자리에서 지켜야할 예절에 관한 의견을 제시하라. 그리고 토론 도중에 갑자기 곁길로 벗어나는 학생들이나 "전날 밤 운동 경기"를 떠올리고는 갑자기 그것에 대해 말하는 학생들, 또는 개인적으로 흥미 있는 주제를 가지고 불쑥 튀어나오는 학생들에 대비하라. 때로는 토론이 제 멋대로 진행되는 것을 막기 위해 당신이 직접 간섭할 필요가 있는 경우가 있을 것이다. 그러나 그것은 토론이 제멋대로 되는 것보다는 훨씬 낫다. 인간의 본성에 대한 이해와 더

불어, 외교술과 주제에 대한 지식을 함께 갖춘다면, 대개 이런 어려움을 극복해 나갈 수 있을 것이다.

## 좋은 질문을 개발하기

토론 시간을 효율적으로 사용하기 위해서는 좋은 질문을 개발하는 법을 아는 것이 중요하다. 토론을 위한 좋은 질문이란 학습자로 하여금 하나의 주제에 대해 곰곰이 생각하게 하고 그가 숙고하여 이해한 답을 말하게 하는 질문이다. 그런 질문은 다음과 같은 몇 가지 결과를 이끌어 내게 될 것이다.

- 주의를 유지하게 한다.
- 새로운 진리를 발견하는 것을 증대시킨다.
- 하나의 주제에 토론의 초점을 맞추게 한다.
- 학생들로 하여금 자신의 말로 아이디어나 반응을 말하도록 격려한다.
- 진리를 실제적으로 적용하게 한다.
- 피드백을 제공한다.

토론 그룹에서 질문을 할 때, 만일 그것이 다른 질문을 하기 위해 사용되어지는 질문이 아니라면, 단순히 '예'나 '아니오'로 대답할 수 있는 질문은 피하도록 하라. 또한 당신의 질문을 짧고 간결하게 유지하도록 주의하라. 때때로 토론은 그 그룹의 리더가 어리둥절하고도 복잡한 질문을 토론 과정 속으로 끌어들일 때 그 흐름을 잃어버릴 수 있다.

### 토론의 유익한 점

토론을 가장 효율적으로 사용하는 교사들은 다소 작은 반을 가르치는 경향이 있다. 6명에서 12명으로 이루어진 소그룹들은 대개 좋은 토론을 하는 경향이 있다. 하지만 교사들 중에는 20명에서 30명으로 이루어진 큰 그룹임에도 불구하고 토론을 효율적으로 이끌어 갈 수 있는 사람들이 있다.

토론을 통해 얻게 되는 유익들 중 하나는 토론은 교사로 하여금 한 그룹 안에서 리더들을 찾아내어 쓰도록 한다는 것이다. 새로운 아이디어들을 제공하는 사람들은 장래에 인재들이 될 수 있다. 이런 사람들의 공헌은 전통적인 화자-청자 방법(the traditional speaker-listener method) 하에서는 영원히 묻힐 수도 있을 것이다.

성경을 효과적으로 가르치며 학생들로 하여금 성경을 그들의 삶에 적용하도록 하는 방법들이 많이 있다. 반의 규모 때문에, 이번 주 당신이 성경 공부에 반 학생들을 참여시키기 위해 토론을 사용하는 데 방해받는 일이 없도록 하라.

## 12장

# 때때로 가르침은 강의다

Sometimes Teaching Is Lecturing

.

어쩔 수 없이 예배실 대신 강당을 사용해야 했지만, 제레미(Jeremy)는 강당 성경공부 반을 가르치는 것을 영광스럽게 생각했다. 매주 그의 반은 강당의 3분의 1정도를 채웠다. 규모와 장소로 보면, 외관상 그의 반은 정확히 또 하나의 예배인 것처럼 보였다. 그러나 제레미는 그 사역을 열심히 감당했고, 상당히 성공적이었다.

강단 뒷면에서 가르치지 않기로 한 것은 잘 한 선택이었다. 그뿐 아니라 그는 오버헤드 프로젝터(OHP)를 사용했다. 이따금 토의할 문제를 논의하기 위해 반을 두 사람 또는 세 사람씩 그룹으로 나눠 모이게 했지만, 그러나 그는 수업 시간의 대부분을 강의로 진행해야 한다는 것을 알고 있었다. 오버헤드 프로젝터에 학과 개요를 올려놓고 학생들로 하여금 학과 용지에 필요한 것을 적게 하는 것은 그들을 계속적으로 수업에 집중하게 하는 데 도움이 되었다.

반의 규모가 큰데도 제레미가 매주 상당히 많은 자료를 다룰 수 있다는 것은 놀라웠다. 만일 그가 더 작은 규모의 그룹 성경연구 반을 인도했더라면, 토론으로 수업의 진행이 느리게 되었을 것이다. 제레미는 강의를 통해 신앙의 본질적인 교리를 훨씬 더 쉽게 가르쳤다. 왜냐하면 반 학생들은 주변적인 신앙인들로서 교리를 논의하는데 필요한 기초가 없었기 때문이다.

제레미는 다른 주에서 살 때 다녔던 교회에서 방문한 친구와 함께 그의 반에 대한 이야기를 나눈 것을 기억하고 있다. "자네는 가르치는 것이 아니라 그저 강의를 하고 있는 것이네"라고 친구가 자신의 생각을 말했다. 그의 교회의 장년들은 12-15명으로 구성된, 적극적으로 서로가 함께 나누는 여러 성경공부 반에서 공부했다. 마찬가지로, 제레미가 가르치는 반 학생들도 그들이 배우고 있다고 느꼈다. 많은 사람들이 제레미가 구절들을 설명하고 그 주의 학과를 매일의 삶에 적용하는 방식에 진심으로 감사하고 있다고 그에게 말했다. 어떤 사람들은 여러 해 동안 교회에 출석하고 있었지만, 그들은 제레미가 인도하는 수업 때문에 그들이 믿는 것을 더 잘 알게 되었다고 느꼈다.

## 말로 가르치기

과거에는 우수한 교사 한 사람(a master teacher)이 많은 사람들로 구성된 여러 장년 반을 가르치는 것이 많은 교회의 공통점이었다. 그 상황에서, 가르침은 종종 교사에게 초점이 맞춰져 있었고 주로 강의가 사용되었다. 그러나 교회가 더 많은 교사들을 모집하고 더 작은 학급들로 편성됨에 따라, 강의법을 경시하고 그 대신 서로 함께 나누는 성경연구 방법을 장려하는 경향이 있었다. (그러면), 강의는 진리를 분명하게 전하는 능력을 상실했는가? 그것은 지금까지 성경을 가르치는 효과적인 방법이 아니었는가?

강의는 말의 능력을 교사의 성품을 통해 학생들의 삶 속으로 유통시키는 것을 말한다. 어떤 그룹에서는 교사들로 하여금 강의법을 사용하지 못하게 하는 것이 일반적이다. 하지만, 그것은 효과적으로 사용될 수 있는데, 특히 다른 방법들과 균형을 이루며 사용될 때 그렇다. 예수님은 최소한 네 가지 상황에서 이 교수 방법을 사용했다. 예수님은 강의를 사용하여 질문에 답하셨다(마 18장). 예수님은 새로운 활동을 지도할 때 강의를 사용하셨다(마 10:5-42). 예수님은 또한 직전에 배운 것을 요약하실 때 효과적으로 강의를 사용하셨다(눅 16:1-13). 아마도 예수님이 강의를 가장 효과적으로 사용하신 것은 자신이 권위를 가지고 한 가지 문제에 대해 말씀하시기 원할 때였다(마 5-7장).

어떤 교사들은 제레미와 같이 정말로 효과적으로 강의하는 것을 배우지 않으면 안 된다. 그들의 반 규모나 교실의 특성상 다른 방법을 사용하는데 어려움을 겪기 때문이다. 아마도 당신이 그와 비슷한 상황에 놓여 있을지도 모르겠다. 그러나 당신의 반이 작고, 다른 방법들을 충분히 사용할 수 있는 교실에서 가르친다 하더라도, 당신은 중요한 진리를 전하기 위해 갖가지 다양한 방법들을 사용하여 효과적으로 강의할 수 있다.

## 효과적인 강의 준비하기

흔히, 강의는 다음의 세 가지 부분을 포함하는 체계화된 대화라고 불린다.

- 서론
- 주제의 토론
- 결론

강의 주제의 토론은 대개 학과 개요를 중심으로 진행된다. 학과 개요를 작성하는데 다양한 접근들이 사용되는 것과 같이, 당신이 강의의 본론(body)의 요점을 작성하는 방법들이 많이 있다.

당신은 일련의 질문과 대답을 중심으로 그것을 구성하기를 원할지도 모른다. 당신의 반 학생들이 물을 만한 질문들을 제기하고 그것들에 대답하는 것은 그들이 더 잘 배우도록 도울 것이다.

당신은 또한 일련의 진술들을 중심으로 당신의 강의안을 작성하기를 원할지도 모른다. 대부분의 교사들은 이 방법을 사용하여 그들의 학과를 전한다.

세 번째로 생각할 수 있는 방법은 당신의 요점을 증명해 주는 논리적인 논증(logical argument)을 따르는 것이다. 예를 들면, 하나님의 속성을 가르칠 때, 하나님은 거룩하시거나 신실하시거나 자비로우시거나 또는 은혜로우신 분이라고 입증하는 논리적 순서로 성경의 구절들을 진술하면서 강의를 준비하라. 당신의 의도는 학생들을 반드시 도달해야 할 결론으로 이끌어야 한다.

당신은 또한 당신이 연구하고 있는 단락의 사건들을 중심으로 강의안을 작성하기를 원할 지도 모른다. 이것은 이야기나 인명 연구분야(biographical study)를 가르칠 때 특히 좋은 방법이다. 해당 단락의 사건들이나 개인의 삶의 사건들은 당신의 강의를 위한 개요를 제공할 것이다.

실물교수(object lessons-실제 사물을 직접 관찰하게 하거나 만져 보게 하여 학습시키는 방법-역주)의 형태로 진행된다면, 강의는 유년부 어린이들에게도 유익할 수 있다. 실물교수를 잘 활용하는 법에 관한 조언을 담은 유익한 좋은 책들이 많이 있다. 구체적인 예를 드는 것은 어린이들에게 효과적인 강의법이며 그들로 하여금-특히 3학년부터 6학년까지-배우도록 돕는 탁월한 방법이다.

## 효과적인 강의 전달

강의는 교사가 특정한 요점을 통해 학습자들을 인도하기 위해 그것을 사용할 때 가장 효과적이다. 이것은 교사가 강의를 진행하는 처음부터 끝까지 흥미를 유지하는데 주의해야 함을 의미한다. 이것을 하는 두 가지 방법은 예화(illustration)와 피드백(feedback)을 사용하는 것이다.

예수님은 가르치실 때 사람들로 하여금 그분이 가르치고 있는 원리를 더 잘 이해하도록 돕기 위해 비유나 이야기를 사용하셨다. 이 예화들은 빛이 통과하는 창문과 같은 것으로, 그 목적은 진리를 나타내는 것이다. 때때로 학생은, 학과는 잊어버릴지 모르지만 예화는 기억을 한다. 그 예화가 학과의 중심 진리에 생명력을 제공할 때, 당신은 성공적으로 가르치고 있는 것이 된다.

예수님은 자신의 말씀을 듣는 사람들에게서 반응을 이끌어내기 위해 때때로 질문을 하거나 몇 가지 다른 행동을 취하셨다. 피드백은 당신으로 하여금 당신이 학습자들의 흥미를 얼마나 잘 유지하고 있는지 평가할 수 있게 해준다. 어떤 교사들은 강조를 하기 위해 수사 의문문을 사용하지만, 교사들은 반 학생들이 그 물음에 대답하기 시작할 때에야 자신들이 성공했다는 것을 알게 된다.

강의가 주일학교 교사들이 사용하는 가장 남용된 교수 방법들의 하나가 되고 있는 것이 사실일지라도, 당신은 이 방법을 사용하여 당신의 학생들에게 많은 진리를 전할 수 있다. 비록 당신이 이 가르침의 방법을 사용할 필요가 없을지라도, 이번 주 학과에 3-5분 정도의 강의를 포함시켜 보라. 그리고 어떤 일이 일어나는지를 관찰해 보라.

## 13장

# 학생들은 좋은 이야기를 좋아한다

Students Like a Good  Story

학생들은 루스(Ruth)의 목소리가 점차 작아지자 몸을 앞쪽으로 숙였다. 본능적으로, 그들은 그녀가 정말로 무언가 중요한 것을 말하려 한다는 것을 알고 있었다. 3학년 학생들은 주일학교의 이야기 시간을 좋아하고, 이번 주의 이야기는 물고기 한 마리가 들려주는 이야기이다.

루스는 8살 어린이들에게, 지중해에서 헤엄치는 한 마리 물고기가 된다는 것이 어떤 느낌일지를 말하면서 그 이야기를 시작했다.

그날 갑자기 바다에 거친 풍랑이 일어 사람들을 놀라게 했어요. 다행히, 그 작은 물고기는 큰 배 옆 바로 아래에서 수영하고 있었기 때문에 맞은 편에서 밀려와 배 위로 부딪치며 흩어지는 파도를 피할 수 있었어요. 갑자기 한 남자가 물위로 떨어지자 폭풍이 멈췄어요. 방금 일어난 일들로 인해 놀란 그 물고기는 그 배의 피난처를 떠나 물에서 허우적거리는 그 남자를 더 가까이 보기 위해 그에게 다가갔어요. 그리고 그 남자를 보고 있을 때였어요. 갑자기 큰고래 한 마리가 그 남자를 통째로 삼키면서 바로 옆을 지나갔어요.

그처럼 푸짐한 식사를 한 고래는 당분간 배가 고프지 않을 것을 알고 있었기에, 그 물고기는 그 고래 옆에서 수영을 해도 안전할 것이라고 느꼈어요. 그 고래 옆에서 헤엄치고 있을 때, 고래 안에서 신음 소리 같은 이상한 소리가 들려왔어요. 더 자세히 들어보니, 그것은 고래 안에 있는 남자가 기도하는 소리 같았어요.

며칠 후, 그 고래는 아파 보였어요. 그리고 그 볼만한 광경이 일어난 것은 그 고래가 해변 아주 가까이 헤엄을 칠 때였어요. 그 고래가 큰 물줄기와 함께, 아직 살아있는 그 남자를 포함하여 자신이 먹었던 모든 것을 토해낸 거예요. 그 남자는 손발을 마구 휘저으며 해안 가까이 간 후 일어서 물 밖으로 걸어나갔고, 그 물고기는 그 사람 가까이 가서 그 모든 것을 오래 동안 죽 지켜보았어요.

## 이야기가 학생들을 가르친다

이야기(storytelling)는 어린이로부터 어른에 이르기까지, 그리고 새 신자들로부터 가장 성숙한 성도에 이르기까지 모든 사람에게 효과적이다. 그러나 그것의 가장 큰 진가는 아마도 어린이들을 가르치는데 있을 것이다. 이야기는 대개 어느 때, 어는 곳에서도 사용될 수 있다. 그것은 수업의 한 부분으로 사용될 수 있고, 토론 중의 예화로 사용될 수 있으며, 만일 그 학과가 너무 짧을 경우엔 시간을 채우는 요소로서 사용될 수 있다. 이야기를 주의 깊게 선택하고 그것을 학과나 예배의 한 부분으로 만들어라. 모든 사람이 이야기를 좋아하므로, 그것을 잘 활용하라.

이야기는 구원을 제시하기 위해 사용될 수 있고, 흥미를 일으키고 유지하기 위해 사용될 수 있으며, 새로운 개념들을 소개하거나 듣는 사람들로 하여금 자신들을 실제 삶의 상황 속으로 들어가도록 하기 위해 사용될 수 있다. 이야기는 잘못된 개념들을 확인하고, 현재의 문제들에 대한 해결책을 제공해 주며, 도덕적 행위에 익숙해지도록 하는 데 도움이 될 수 있다. 그것은 바람직한 태도를 창출하거나 학생들로 하여금 새로운 진리와 경험을 이해할 수 있게 한다. 이야기는 상상력을 발달시켜주고 유머감각을 길러주며 듣는 사람들을 편하게 해주는 경향이 있다. 학습자는 그가 그 밖의 모든 것은 잊어버릴지라도 이야기는 기억할 것이다. 이야기는 학생들이 개념들을 쉽게 이해할 수 있도록 생활 경험에 관한 추상적 진리들을 일괄한다. 학생들을 이야기 속으로 이끌어 들일 때, 당신은 당신의 학과의 목적을 달성한 것이고, 학생들은 그것을 자신들의 삶에 적용하기 시작할 수 있게 된다.

이야기(story)는 보고나 일련의 묘사, 또는 사건들의 연속이 아니다. 이야기는 사람들이나 사건들에 관한 이야기(narrative)이며, 처음부터 흥미를 일으키고 절정을 지나 끝까지 그것을 유지한다. 이야기는 불분명하게 끝나거나 결말을 짓지 않은 상태로 모호하게 끝나지 않고, 오히려 사건들의 논리적 순서와 절정 그리고 결말을 분명하게 갖는다.

이야기를 선택하기

하나의 이야기를 선택할 때, 그 경우(occasion)를 염두에 두라. 예를 들면, 예배 시간을 위해 무시무시한 구약의 전쟁 이야기들 중 하나를 선택하지 말라. 만일 그 이야기가 학과의 한 부분이라면, 그 이야기의 요점은 그 학과의 요점과 같아야 한다는 것을 잊지 말라. 어떤 이야기들은 하나의 학과 그 이상을 설명하기 위해 사용될 수 있지만, 도가 지나칠 정도로 확대 적용하지는 말라.

이야기의 길이와 정해진 학과 시간을 염두에 두라. 만일 당신에게 어느 정도의 시간이 있는지 알지 못한다면, 쉽게 늘리거나 줄일 수 있는 이야기를 선택하라. 연령 그룹은 이야기의 길이를 결정하는데 도움이 될 것이다. 유치부 어린이들에게는 추상적인 단어보다는 구체적인 단어를 사용하는 것이 중요하며, 단어는 행동과 연결될 필요가 있다. 그리고 모든 연령대의 어린이가 집중하여 주목할 수 있는 시간은 약 1분 정도라는 사실을 기억하라.

뿐만 아니라, 듣는 사람들의 연령은 많은 다른 요인들을 결정할 것이다. 왜냐하면 아주 어린아이들은 자신들의 제한된 경험의 영역들에 연결시킬 수 있는 이야기들을 선택하기 때문이다. 구체적인 생각과 개념을 나타내는 단어들과 추상적인 개념을 나타내는 단어들을 구별하여 사용하는 것에 주의하라. 예를 들면, 사랑과 신앙 그리고 순종과 같은 추상적인 개념들은 행동을 통해 설명해야 한다. 자세한 설명은 장황하지 않고 최대한 짧아야 한다.

유치부 아이들과 그들보다 약간 위의 아이들은 영웅 이야기와 많이 움직이는 것을 좋아한다. 십대 아이들과 청년들은 자세한 것과 현실적인 것(realism), 그리고 반복이 적고 절정이 강한 것을 원한다. 당신의 학생들에게 적합한 어휘를 사용하라(세련된 단어들은 어린이들을 지루하게 할뿐이고, 십대들에게는 거의 인상을 주지 못한다). 게다가, 만일 듣는 사람들이 그 말을 이해하지 못한다면, 그들은 이야기의 진행을 놓치게 되고 연속성은 중단되고 만다.

이야기는 설득하기 힘든 사람들을 설득할 수 있는 힘이 있다. 당신이 말하려고 하는 이야기에 대해 당신 자신이 어느 정도의 흥미를 갖는가와 그것을 어떻게 설명하는가에 따라 그것을 듣는 사람들의 반응이 달라진다. 만일 당신이 열정적으로 전한다면, 듣는 사람들도 열정적으로 들을 것이다. 왜냐하면, 열정은 전염되기 때문이다. 당신이 말하는 이야기들을 당신이 먼저 즐길 때, 당신의 반 학생들도 마찬가지로 즐길 것이다.

**| 14장 |**

# 학생들은 보면서 배운다

Students Learn by Looking

샌드라(Sandra)는 주일학교 반으로 걸어 들어가다가 갑자기 눈이 휘둥그레졌다. 발렌타인데이를 알리는 게시판의 화려한 붉은 글씨를 보았기 때문이다. 샌드라는 유년(2학년과 3학년)부 첫 수업을 위해 자리에 앉다가 맞은 편 벽에 새로운 포스터들이 걸려 있는 것을 보았다. 각 포스터는 앞으로 매주 배우게 될 학과와 관련이 있었다.

담임교사가 암송 구절이 쓰여진 밝은 빨간색 심장 모양의 종이들을 들어올리는 것을 일곱 명의 어린이들이 도왔다. 그들이 사랑에 관한 그 성구를 읽을 때마다, 한 장씩 바꿨고 시야에서 핵심단어가 자취를 감췄다. 놀랍게도, 시각 교재를 사용하여 가르치자, 어린이들이 구절들을 아주 빨리 암기했다.

잠시 후, 소그룹으로 나뉘어 수업을 할 때, 샌드라의 선생님은 플란넬(flannelgraph)로 만든 등장인물들을 판에 붙이면서 이야기를 했다. 수업 중 복습 시간에, 몇몇 소녀들은 그것들을 사용하여 그 이야기의 일부를 다시 말했다.

샌드라의 그림은 반의 다른 소녀들의 그림과 함께 "명예의 벽"에 붙여졌다. 그 반 모든 학생의 그림을 벽에 붙여 놓은 것은, 하나님께서는 그들 모두를 알고 계시며 그들은 그분에게 중요한 사람들이기 때문이라고 그 교사는 설명했다.

시각 교재(visual aids)란 우리의 시각에 호소하고 개념을 구체적이게 해줌으로써 사고를 명확하게 하도록 돕는 물체들, 상징들, 자료들 그리고 방법들을 말한다. 시각 교재는 교수-학습 과정(the teaching-learning process)에 유용하다. 시각 교재들을 적절하게 사용한다면, 그것들은 자료들을 명확하게 해주고, 어려운 점들을 설명해주고, 학습을 더 지속적으로 만들어주며(어린이들은 그들이 본 것의 50퍼센트를 기억한다), 다른 학습 방법들을 보충해 줄 것이다. 뿐만 아니라, 학습 과정을 촉진시켜주고, 주의를 모아주고,

행동을 개선해주고, 학습을 더 즐겁게 해주며, 영혼을 비춰주는 창으로서의 매력을 제공해 줄 것이다.

## 시각 교재 사용의 단점들

만일 시각 교재가 그 자체로서 하나의 학과가 되거나 전통적인 학습 방법들을 대체하는 대체물이 된다면, 시각 교재를 지나치게 사용하는 것은 좋은 가르침에 방해가 될 수 있다. 당신 자신을 한 가지 형태의 시각 교재에 제한시키거나, 가르침의 도구가 단순한 오락의 재료가 되지 않게 하라.

어떤 시각 교재들은 사용하는데 약간의 불리한 점들과 한계들이 있다. 예를 들면, 어떤 시각 교재들은 엄청나게 비싼 경우가 있다. 기계로 된 교재들을 유지하고 재료를 바꾸는 것 또한 많은 비용이 들 수 있다. 교회들 가운데에는 기계로 된 커다란 교재들(예를 들면, 인형들과 상영 자료들)을 보관할 장소가 없는 교회들도 있다.

반대로, 작은 크기의 시각 교재들(예를 들면, 플란넬보드와 벽보판)은 나이 어린 어린이들이 보는데 한계가 있다. 프로젝트 시각 교재들(예를 들면, 오버헤드 프로젝터, 영사기 등의 사용)은 좌석을 위한 공간과 좋은 음향시설 그리고 좋은 조명을 필요로 한다. 그리고 그와 같은 시각 교재들을 조립하고 해체하는데 시간이 걸리고, 그것들을 위한 자료를 준비하는 데 시간이 걸리며, 그것을 사용하는데 필요한 사람을 훈련시키는데 시간이 걸린다. 그러나 이런 문제들은 충분히 극복할 수 있는 것들이다.

## 시각 교재를 사용하기 위한 지침들

당신이 가르칠 때, 시각 교재를 보다 더 효과적으로 사용하는 것을 도울 몇 가지 지침이 있다.

1. **현장을 알라.** 시간을 내어 가르치는 방법들과 시각 교재들을 효과적으로 사용하는 방법들 가운데 최근에 개발된 것이 있는지 알아 보라.

2. **시각 교재들을 알라.** 당신이 사용 가능한 비용의 범위 내에서 그리고 당신이 익숙한, 또는 익숙하게 될 교재들을 선택하라. 내구성이 있고 흥미를 유발하고 전문가가 만들었으며 메시지를 효과적으로 제시할 수 있는 교재들을 선택하라.

3. 당신의 가르침의 상황에 맞는 교재들을 선택하라. 각 연령 단계에 흥미를 주고 이해할 만한 교재들을 사용하라. 도구들은 단지 즐겁게 하기보다는 정확하고 믿을 만하고 현실적이며 교육적이어야 한다.

4. 시각 교재들을 시험해보고 사용해 보라. 사전에 모든 장비를 조립하고 시험해 보라. 기계상의 모든 방법들을 철저하게 계획하고 실행하라. 교실 전체에서 시각 교재들을 볼 수 있도록 하라. 시각 교재를 사용하고자 할 때, 그 시작이 자연스럽게 진행되도록 계획하라. 시각 교재를 통해 설명한 학과를 학생들의 삶에 적용하라.

좋은 시각 교재는 교사들에게는 훨씬 더 효과적이게 하고, 학습자들에게는 해당 학과를 더 잘 받아들이도록 돕는다. 하지만, 만일 당신이 학과를 가지고 있지 않고 전해줄 분명한 요점을 갖고 있지 않다면, 시각 교재는 별로 도움이 될 수 없다. 시각 교재(a visual aid)는 말 그대로 하나의 보조 교재(an aid)에 불과하다는 것을 기억하라. 시각 교재는 적절하게 사용될 때만, 당신의 가르침에 큰 도움이 될 수 있다.

# 학생들은 행할 때 가장 잘 배운다

Students Learn Best by Doing

　도나(Donna)의 반에 속한 유치부 학생들은 그녀가 지난
주에 가르친 학과에 큰 흥미를 보였다. 그러나 그 흥미는
대개 5분을 넘지 못했다. 그들이 다른 생각을 하고 그들의
활동적인 작은 몸이 그들의 생각에 따라 행동하면서 다시
산만해졌다. 결과적으로, 도나는 어린이들을 통제하려
수업 시간의 대부분을 보내야 했고, 그로 인해 좌절감을
느꼈다. 그때 그녀는 다음과 같은 한 가지 결론에 이르렀
다. "만일 내가 어린이들을 변화시킬 수 없다면, 나는 내가
가르치는 방법을 바꾸지 않으면 안 된다." 가르침에 대한
그녀의 새로운 접근은 그녀가 매 4-5분마다 새로운 활동을

소개하는 것을 의미했다.

하나님은 어린 소년들로 하여금 3-4분마다 움직이도록 해 놓으셨다. 어린이들에게 가만히 있으라고 말해보았자 아무런 소용이 없다. 하나님은 어린이들이 움직이도록 해 놓으셨기 때문에 그들은 계속해서 움직일 것이다. 그러므로, 어린이의 본성을 거스르지 말고 그것에 맞춰 사역하라.

아주 어린아이들을 성공적으로 가르치는 비결은 수업 시간에 다양한 가르침의 방법들을 사용하여 그들로 하여금 계속해서 참여하게 하는 것이다. 이 전략은 당신으로 하여금 더 나은 교사가 되게 할 것이다. 왜냐하면 학생들은 수업 시간 동안 당신이 다양한 방법을 사용할 때 더 쉽게 배우게 되기 때문이다.

당신이 당신 자신의 독특한 가르침의 스타일을 개발할 때, 다른 많은 가르침의 방법들과 학습 보조 교재들을 당신의 학과에 편입시키는 법을 배우라. 방법이란 학생들에게 동기를 부여하고 그들을 학습 과정에 참여시키기 위해 사용되는 도구 또는 전략을 말한다. 사람들은 참여를 통해 가장 잘 배우기 때문에, 어떤 사람들은 가르침의 방법을 학습 활동이라고 부르기도 한다. 어떤 식으로 부르든지,

목표는 언제나 같다. 교사로서의 당신의 목적은 학생들에게 동기를 부여하여 학습 과정에 참여하게 하는 것이다. 효과적인 교사들은, 학습은 다양성을 통해 가장 잘 달성된다는 것을 알고 있다.

당신은 "그러나 나는 그렇게 창의적이지 못합니다"라고 반박할지도 모른다. 여기에 좋은 소식이 있다. 당신 스스로 아이디어를 생각해 낼 필요가 없다. 다음은 여러 해에 걸쳐 다양한 주일학교 대표자 회의 워크숍에서 모아진 가르침의 방법들에 관한 목록이다. 이것들을 참고하라.

희시(acrostic)

기(banners)

브레인스토밍(brainstorming)

소그룹(buzz groups)

카세트 테이프(cassette tapes)

차트(chart)

돌아가면서 대답하기(circular response)

시합(contests)

입체모형(dioramas)

드라마(drama)

숙제(assignments)

독서 감상문(book review)

게시판(bulletin boards)

사례연구(case study)

칠판(chalkboard)

함께 읽기(choral reading)

대담(colloquy)

논의(debate)

토론(discussion)

희곡 읽기(dramatic reading)

둘씩 짝짓기(dyads)

현장 탐방(field trips)

영화슬라이드(filmstrips)

플래시 카드(flash cards)

공개토론회(forum)

도표(graphs)

찬송(hymns)

귀납법적 성경연구(inductive Bible study)

인터뷰(interview)

강의(lecture)

팀별 경청 게임(listening teams)

암송하기(memory work)

모델(models)

몽타주(montage)

벽화(murals)

옆 사람을 팔꿈치로 살짝 밀기(neighbor-nudge)

반사식 투영(opaque projection)

오버헤드 프로젝터(overhead projector)

패널 토의(panel discussion)

전시회(exhibits)

영화(films)

플란넬 도안(flannelgraph figures)

플립 차트(flip chart)

게임(games)

수공예품(handcrafts)

예화(illustrations)

관심센터(interest centers)

일기 쓰기(journaling)

편지 쓰기(letter writing)

지도(maps)

움직이는 조각(mobiles)

독백(monologue)

멀티미디어(multimedia)

음악(music)

실물교수(object lessions)

보도하기(oral reports)

그림 그리기(painting)

판토마임(pantomime)

종이반죽(papier-mache)

사진(photographs)

포스터(posters)

행렬 활동(procession activities)

프로젝트(projects)

퍼즐(puzzle)

수수께끼(rebus)

연구(research)

역할연기(role-play)

모래판(sand table)

세미나(seminar)

촌극(skits)

노래(songs)

이야기(storytelling)

심포지엄(symposium)

단어 연상(word association)

비디오(video)

바꾸어 말하기(paraphrasing)

그림(pictures)

기도(prayer)

프로그램 학습(programmed learning)

인형극(puppets)

질의 응답(question and answer)

암송(recitation)

복습 게임(review games)

실내 장식(room decoration)

성경 찾기(Scripture search)

봉사 계획(service projects)

슬라이드(slides)

스테인드글라스 창(stained-glass windows)

조사(surveys)

간증(testimony)

워크숍(workshop)

시각 교재(visual aids)

이 방법들 모두가 당신이 가르치는 모든 연령 그룹에 적합한 것은 아닐 것이다. 그러나 그 중에는 적합한 것도 있을 것이다. 만일 당신이 연말까지 매주 한 가지씩 새로운 방법을 사용하는 것을 배운다면, 당신은 당신의 반에서 성경을 가르치기 위해 50개의 다른 방법들을 사용한 것이 될 것이다.

## 적합한 방법들을 선택하기

가장 중요한 문제는 하나의 방법을 찾는데 있는 것이 아니라 당신의 학급을 위해 바른 방법을 선택하는 데 있다. 방법 선택을 위한 다음의 몇 가지 지침을 따른다면, 그 과정을 단순화시킬 수 있다.

먼저, 당신이 해당 학과를 위한 당신의 가르침의 목적 (aim or goal)을 달성하는 것을 가장 잘 도울 방법을 선택하라. 만일 당신이 교제를 장려하기 원한다면, 당신의 가르침의 방법은 학습 그룹 안에서 건전한 상호작용을 장려해야 한다. 만일 당신이 새로운 내용을 전하려고 한다면, 교사 중심의 가르침의 방법들이 가장 좋을 것이다.

가르침을 받고 있는 사람들의 연령 단계나 성숙 단계를 잊지 마라. 교수 방법들은 연령 단계에 적합해야 한다.

또한 당신의 반 규모를 고려하라. 몇 가지 가르침의 방법들은 보다 작은 그룹에 가장 적합하다(가르침의 방법들 가운데에는 보다 작은 그룹에 가장 적합한 것들이 있다.). 예를 들면, 토론은 대개 6-12명으로 된 그룹에서 가장 효과적이다. 반대로, 대다수 효과적인 강의자들은 작은 그룹보다는 더 큰 그룹에게 말하는 것이 더 쉽다는 것을 알고 있다.

재정은 가르침의 방법을 선택하는데 있어서 중요한 요소이다. 과학기술(technology)을 활용하는 교사는 학과의 일부로서 파워포인트를 사용할지도 모른다. 그러나 어떤 교회에서는 교회의 재정상 컴퓨터와 프로젝터를 사용하는 것이 어려울 것이다. 당신은 오버헤드 프로젝터를 사용하기를 원할지 모르지만, 칠판을 사용하는 것으로 만족해야 할지도 모른다.

장비사용의 가능성 유무도 몇 가지 교수 방법을 선택하는데 영향을 주는 또 하나의 요소이다. 당신이 사용 가능한 시청각 장비가 어느 것이냐에 따라, 당신은 오버헤드 프로젝터, 영화, 영화슬라이드, 슬라이드, 비디오 등과 같은 장비들 가운데 어느 것을 사용할 것인지를 결정할 수 있을 것이다. 이런 제한점들 때문에, 당신이 할 수 없는 것에 초점을 맞추기보다는 그런 제한점들을 당신이 학과를 전할 다른 창의적인 방법들을 생각하는 기회로 삼아라.

특정한 교수방법을 선택할 때 고려해야 할 몇 가지 다른 요소들이 있다. 여기에는 사용하려는 방법이 최근에 얼마나 자주 사용되었는가와 당신의 반 학생들의 학습 스타일과 매주 당신의 수업에 사용가능한 시간이 함께 포함될 것이다.

## 가르침의 방법을 평가하기

당신이 학과를 가르칠 다양한 방법들을 고려할 때, 각각의 수업을 위한 두 가지 혹은 세 가지의 좋은 방법들을 보충하는 것은 이상한 것이 아닐 것이다. 당신이 탁월한 가르침을 추구할 때, 당신은 이용 가능한 가장 좋은 방법들을 사용하기를 원할 것이다. 방법이란 단지 당신이 당신의 사역을 수행하는 것을 돕는 하나의 도구라는 것을 기억하라. 최종 분석에서, 그 일이 얼마나 잘 행해졌는가에 근거하여 당신이 사용한 도구가 얼마나 효과적이었는지를 판단하라. 주일학교 교사에게 있어서, 그것은 당신이 가르친 학과의 결과로서 하나님의 말씀이 한 생명을 변화시켰는가를 의미한다.

## 16장

# 가르침은 학생들이
# 이미 알고 있는 것을 토대로 한다

Teaching Builds on What Students Already Know

조(Joe)는 반 학생들이 학과를 복습할 때 낙심했다. 그의 학생들은 그가 몇 달간에 걸쳐 가르쳤던 구약의 이야기들 중 단지 일부만을 기억했다. 그때 그는 아브라함, 이삭, 야곱 그리고 요셉은 모두 서로에게 관계가 있다는 점을 깨달 았다. 그들이 서로 어떤 관계가 있는지를 알게 되었을 때, 그는 자신의 가르침의 방법을 바꿔야 하며, 각각의 새로운 이야기를 이전의 학과들을 토대로 작성해야 한다는 것을 깨달았다.

뿐만 아니라, 조는 그 이야기들이 자신의 삶과 관계가 있음을 깨달았다. 그와 같이 그가 성경 이야기들을 학생들의 삶에 연결시킬 때, 그들은 그가 가르치는 것을 배우고 기억하기 시작했다. 당신의 가르침은 사실들(facts)과 연결되어야 할뿐만 아니라, 당신은 또한 해당 학과를 삶과 연결시킬 필요가 있다. 학습은 학생이 그 사실들을 자신의 생활방식과 연결시킬 때 발생한다.

## 벽돌을 쌓기

학생들은 자신들이 이미 알고 있는 것과 배울 학과를 그들이 통합할 때 가장 효과적으로 배우게 된다. 학생들이 삶의 모든 면에서 자라서 건강하게 되고, 주 예수 그리스도를 더 닮아가도록(엡 4:13-16) 각 학과를 그들의 내면의 삶 속으로 통합하게 하는 것을 목표로 삼아라.

만일 당신이 학생들에게 그들이 알지 못하는 자료를 소개한다면, 당신은 문제를 만드는 것이 된다. 십일조에 관해 말하되, 구약성경의 역사적 배경을 바탕으로 말하지 않는다면, 학생들은 혼란을 겪게 될 것이다.

교사들 중에는 학생들이 이전에 배운 학과들을 장래에 다시 사용하기 위해 "서랍" 안에 있는 그들의 마음에 저장

한다고 생각하는 사람들이 있다. 그러나 학과들은 서랍 안에 있는 정보 폴더들(folders)이라기보다는 오히려 봉사를 위한 도구들과 같다. 모든 학과는 집을 짓는데 사용되는 도구이다.

교사들이 새로운 학과로 나가기 전에, 학생들로 하여금 기본적인 사실들을 충분히 알게 하지 않는다면, 일어날 수 있는 또 다른 문제들이 생긴다. 복습(점검)은 학습을 위해 필수적이다. 그러나 사실들을 열거하는 것만으로는 충분하지 않다.

가르침을 학생의 머리에 지식을 채우는 것으로 이해한다면, 그것은 잘못된 생각이다. 가르침에 대한 이런 접근은 지식을 힘과 영향력 그리고 삶으로 보기보다는 오히려 마음에 쏟아 부어넣는 서로 분리된 사실들로 다룬다.

학생들은 반으로 들어오는 움직이는 강물과 같으며, 학급을 떠난 후에도 계속해서 흐를 것이다. 반 학생들이 들어올 때, 당신은 그들의 삶에 경험과 사실들을 더해야 하며, 그들은 교실을 떠난 후에도 다른 자원들로부터 계속해서 배우게 된다는 것을 알아야 한다.

모든 가르침은 목적이 있는 방향으로 나아가야 한다. 학과를 반복하는 것은 옳다. 그러나 목적 없이 반복적인 가르침은 바른 가르침이 아니다. 낡은 광산에서는 새로운 금을 얻을 수 없다는 옛말이 있다. 그것은 옳은 말이다. 만일 당신이 더 깊이 파지 않는다면 말이다. 마찬가지로, 당신은 이전의 학과들 중 몇몇 학과들을 반복적으로 더 깊이 탐구할 수 있고, 그렇게 함으로 학생들은 자신들의 삶에서 사용할 수 있는 금을 발견할 수 있게 된다.

너무나 자주 학생들은 지식을 다룰 때, 마치 바구니 안에 있는 감자들이 껍데기에 의해 서로 나뉘어진 것처럼 그렇게 다룬다. 이것은 잘못된 생각이다. 지식이 의미를 지니기 위해서는 서로 관련되어야 한다. 좋은 가르침은 언제나 사실과 사실을, 사실과 삶을 그리고 삶과 삶을 연결시킨다.

우리는 학생들에게 우리의 말을 사용하여 학과를 재현하라고 요구하지 않아야 한다. 그들은 우리를 따라 반복할 수 있지만, 실제로는 우리가 가르친 것을 알지 못할 수도 있다. 학생들은 그들 자신의 말로 학과를 재현해야 한다. 그러므로 학생들에게 의미 있는 말을 사용하라. 그럴 때, 그들이 학과를 말로 표현할 수 있게 된다.

흔히, 우리는 열심히 가르치는 교사는 가장 잘 전하는 사람이라고 생각하는 경향이 있다. 그러나 실제로는 그렇지 않다. 학생의 삶은 그 학생이 학과에 얼마나 바르게 종사하는가에 비례하여 변화된다. 그러나 일반적으로 말해서, 규칙적으로 말씀에 종사하는 교사는 그 말씀의 근원-포도나무인 하나님-과 관계를 맺을 뿐만 아니라, 하나님의 학생들에게 그분의 말씀을 나타내고 그 말씀으로부터 가르침을 받은 진리에로 그들을 인도할 수 있을 것이다.

## 학과를 작성하는 건전한 단계들

가르침의 주된 목적은 학과와 학생의 과거의 경험을 통합하는 것이다. 다음은 학과를 학생들의 삶에 실제적으로 적용하는데 도움이 되는 10가지 단계들이다.

1. **성경의 각 단락을 성경 전체와 연결시켜라.** 각 학과는 바퀴에 있는 살과 같다. 각 살은 바퀴를 회전시키는 데 필수적이다. 가르침은 성경의 각 장을 성경 전체의 맥락(context)과 연결시키고, 그 다음에는 각 책을 성경 전체와 연결시켜야 한다. 학생들의 마음은 원 안에 남아 있는 공백을 메우려는 경향이 있기 때문에, 효과적인 교사는 학생들로 하여금 자유롭게 묻게 하고 그것에

대해 답함으로 그 원을 완전하게 한다.

2. 각 학과를 학생의 삶 전체와 연결시켜라. 학생들로 하여 금 사건들(things)이 어떻게 함께 조화를 이루는지를 보도록 돕는 것은 배움의 과정의 한 부분이다.

3. 현대 생활에서 얻은 실제적인 예화를 사용하라. 컴퓨터 세대 학생들은 말이 끄는 쟁기와 전기가 들어오지 않는 집들과는 맞지 않을 것이다. 예화가 현대의 문제에 대한 해답을 줄 때, 학생들은 이야기에 나오는 사람들과 자신들을 동일시하며 자신들이 얻은 답을 자신들의 삶에 적용할 것이다.

4. 성경에 나오는 긍정적인 역할 모델들을 사용하라. 하나님은 성경에 나오는 백성들의 삶을 통해 자신의 백성들을 위한 자신의 원리들을 전하셨다.

5. 학생들의 삶 속에 이미 있는 긍정적인 역할 모델들을 확인하라.

6. 문제를 해결하라. "가르침이란 상처를 찾아내어 그것을 치유하는 것이다"라는 말이 있다. 우리가 학생들의 삶의 문제들을 확인하고 그 문제들에 대한 여러 해답을 제공할 때, 그들은 그것들을 자신들의 삶에 적용할 수 있다.

7. **학과 안의 관계들에 주목하게 하라.** 가르침은 단순히 사실들을 제공하는 것이 아니다. 그것은 사실들 사이의 관계를 보이는 것을 의미한다. 그럴 때, 학생들은 그 관계를 기억할 수 있게 된다. 이미 거기에 있는 "접착제"(glue)를 찾아라. 복음은 인간을 하나님께 접합시키는 접착제이며, 고백은 신자들이 하나님과 좋은 교제를 유지하도록 그 접착제(복음)를 작용하게 해준다.

8. **원리들에 주목하게 하라.** 하나님은 자신의 백성이 느낌이나 예감이나 맹목적인 신앙에 따라 살기를 원치 않으신다. 하나님은 그들이 성경의 원리에 따라 살기를 원하신다. 학생들로 하여금 원리와 그것의 교훈(lesson) 사이의 관계를 보도록 도와라.

9. **학생들로 하여금 성경의 원리들을 확립하고 그 원리들에 따라 살도록 동기를 부여하라.** 당신은 학생들로 하여금 성경의 원리들을 알고 그것들에 따라 살게 하는 것을 가능하게 하는 모든 동기부여의 기술을 사용함으로써 당신의 학생들의 삶에 영원히 남을 영향을 주게 될 것이다.

10. **새로운 원리들과 이미 알려진 원리들을 연결시켜라.** 가르침은 교사가 학습 활동들을 인도할 때 학생들을

위한 연계점을 만드는 것을 필요로 한다. 가장 효과적인 학습 활동들 중의 하나는 사실들과 원리들, 그리고 개념들을 학생의 삶과 연결시키는 것이다.

| 17장 |

# 암기는 필요하다

## Memorizing Is Necessary

신문 편집자였던 로버트 레이크스(Robert Raikes)는 소년
들이 성경 구절을 암송할 때 주의 깊게 들었다. 레이크스
는 목회자가 아니었지만, 평신도로서 주일학교라고 불린
하나의 실험을 시작했다. 때는 1780년이었다. 그는 자신이
살고 있던 도시에 있는 가난하고 교육을 받지 못한 어린이
들-그들은 종종 그의 신문의 범죄보도에서 특집기사로 다
루어졌다-을, 그들이 하나님의 말씀으로 가르침을 받을 수
있는 곳을 제공했던 한 부인의 부엌으로 모이게 했다.

처음에 레이크스는 하나님의 말씀을 가르치기 위해 감
옥으로 갔다. 그러나 그때 그는 "비행은 교정하는 것보다

예방하는 것이 더 중요하다"라는 표어에 자극을 받았다. 이 어린이들은 그들의 부모를 따라서 1주일에 6일을 오랜 시간 동안 일하고 있었기 때문에 학교에 출석할 수가 없었다. 그들이 유일하게 일하지 않는 날이 주일이었기 때문에, 레이크스는 주일을 어린이들을 가르치는 날로 정했다.

조용히, 레이크스는 교사 한 사람을 채용했고 자신의 주일학교 실험을 위한 한 그룹의 어린이들을 모았다. 그 교사는 어린이들에게 읽기를 가르쳤고, 그래서 그들은 성경을 읽을 수 있게 되었다. 그러나 레이크스는, 어린이들은 동기부여를 필요로 한다는 것을 알고 있었다. 그래서 그는 잠언서 전체를 암기하는 사람에게는 20불 짜리 금 동전을 줄 것이라고 말했다.

잠언서를 한 장 한 장 배워 가는 동안 그들의 성격이 변화되었고 레이크스는 그것을 만족스럽게 지켜보았다. 20불은 그 당시에는 상당한 액수의 돈이었다. 그러나 로버트 레이크스는 그들의 변화된 삶을 보았을 때, 성과를 생각하면 그 정도는 아무 것도 아니라고 생각했다.

학생들로 하여금 암기하도록 동기를 부여하기

우리가 성경 암기를 위해 돈을 주는 것을 추천하지는 않더라도, 성경을 암기하게 할 좋은 방법과, 당신이 학생들로 하여금 그것을 하도록 할 몇 가지 도움이 되는 것이 있다.

1. 성경은 당신의 학생들을 죄로부터 지켜준다. 세상은 "사소한 예방이 큰 치료의 수고를 덜어준다"라고 말한다. 그러나 시편 기자는 "내가 주께 범죄치 아니하려 하여 주의 말씀을 내 마음에 두었나이다"(시 119:11)라고 썼다. 성경은 거룩하기 때문에 죄가 다스리는 곳에 머물 수 없다. 드와이트 무디(Dwight L. Moody)의 성경의 표지 안에는 이런 말이 써 있었다. "이 책이 당신을 죄로부터 지켜줄 것이다. 그렇지 않으면, 죄가 당신을 이 책으로부터 지켜줄 것이다."

2. 만일 당신이 잘못을 저지르고 죄를 짓는다 하더라도 암기한 말씀이 구해 줄 것이다. 시인은 "청년이 무엇으로 그 행실을 깨끗케 하리이까 주의 말씀을 따라 삼갈 것이니이다"(시 119:9)라고 말했다. 하나님의 말씀은 영적 청정제(spiritual cleanser)이다. 예수님은 자신의 제자

들에게 "너희는 내가 일러 준 말로 이미 깨끗하였으니"(요 15:3, 강조는 첨부되었음)라고 말씀하셨다. 사도 바울은, 그리스도는 "물로 씻어 말씀으로 깨끗하게 하사 거룩하게 하시"(엡 5:26, 강조는 첨부되었음)고자 교회를 위해 죽으셨다고 설명했다.

3. 성경은 당신으로 하여금 효과적인 그리스도인이 되게 해준다. 당신은 망치나 톱 없이 집을 지으려고 애쓰는 목수를 어떻게 생각하는가? 그리스도인들이 자신들의 도구를 갖지 않고 하나님을 섬기려 할 때, 정확히 그와 같은 어리석음을 범하는 것이 된다. 대개 성경을 알고 있는 사역자는 가장 효과적일 것이다. 당신은 성경을 암기할 수 있다. 모든 그리스도인은 "성령의 검 곧 하나님의 말씀"(엡 6:17)을 실제로 쓸 수 있는 지식을 필요로 한다.

4. 성경은 그리스도 안에서 자라도록 길러준다. 베드로는 그의 회심자들에게 "갓난아이들 같이 순전하고 신령한 젖을 사모하라 이는 이로 말미암아 너희로 구원에 이르도록 자라게 하려 함이라"(벧전 2:2)라고 권면했다. 영적 성장은 우리가 성경을 기억할 때 이루어진다.

5. 성경 암기는 당신의 기도생활을 향상시킨다. 예수님은

"너희가 내 안에 거하고 내 말이 너희 안에 거하면 무엇이든지 원하는 대로 구하라 그리하면 이루리라"(요 15:7)라고 선포하셨다. 요한은 후에 이렇게 썼다. "무엇이든지 구하는 바를 그에게 받나니 이는 우리가 그의 계명들을 지키고 그 앞에서 기뻐하시는 것을 행함이라"(요일 3:22).

두 단어, 즉 "반복"과 "복습"은 성경을 암기하는데 필요한 것을 요약해 주는 말이다. 출생 이후로 당신이 배워 온 거의 모든 것은 반복과 복습을 통해 습득한 것이다. 만일 당신이 어떤 일을 충분하다고 여겨질 만큼 한다면, 당신은 하나의 습관을 형성하게 될 것이다. 만일 시를 충분히 반복하여 읽으면, 당신은 그것을 암기하게 될 것이다. 만일 당신이 성경의 한 구절을 여러 번 충분히 낭송한다면, 당신은 그것을 암기하게 될 것이다. 진정 중요한 문제는, 어느 정도 해야 충분한가이다. 나의 대답은, 필요한 만큼 여러 번 한 다음에 확실히 하기 위해 몇 번 더 하라는 것이다. 각 사람은 저마다 배우는 능력이 다르다. 사람들 중에는 한 구절을 한번 읽으면 그것을 아는 사람들이 있다. 반면에, 한 구절을 20번 읽어도 그 다음날 그것을 기억하지 못하는 사람들도 있다.

교육자들은 어린이들이 그들의 부모들보다 더 빠르게 암기한다는 것에 동의한다. 이것은, 성인들은 성경을 암기할 수 없다는 것을 의미하지 않는다. 단지 그것이 그들에게 더 어려울지도 모른다는 말이다. 당신은 매력적인 그림이 그려진 포스터 위에 성경 구절들을 써넣음으로써 젊은이나 어른 모두가 성경을 암기하는 것을 높일 수 있다.(이것은 또한 교실을 장식하는 효과를 거두는 것이다.)

### 가르침을 마무리하기

가르침은 단순히 학생이 성경 구절을 암송할 수 있다고 해서 모두 끝난 것이 아니다. 암송 구절을 각자의 삶 속에서 실천으로 옮길 때까지 그것을 참되게 배운 것이 아니다. 구절을 머리로 아는 것만으로는 충분하지 않다. 여호수아는 "지켜 행하라"(수 1:8)라는 말씀을 들었다. 좋은 공과(curriculum)는 수업 시간 내내 하나의 구절을 활용하여 그 구절에 의미를 부여할 것이다. 이것은 또한 암기력을 촉진시킬 것이다.

성경을 암기하도록 학생들을 가르칠 때 한 가지 중요한

것이 있다. 하나님께서 그 구절들을 사용하셔서 각 학생이 자신의 삶 속에서 하나님의 진리를 사용하도록 그들을 자극하고 위로하고 고무시켜 달라고 기도하는 것이다. 당신이 기도할 때 하나님께서 각 학생의 삶을 말씀의 능력으로 만지실 것을 신뢰하라. 또한 그 구절을 당신 자신의 개인적이고 전문적인 일들에 적용하라. 왜냐하면 모든 학생들은 당신이 어떻게 매일의 삶에서 하나님의 말씀을 행하는지 주목하여 볼 것이기 때문이다.

## 18장

# 당신은 1분 안에
# 삶에 영향을 줄 수 있다

In One Minute You Can Influence a Life

베쓰(Beth)는 시계를 한번 더 보는 동안 긴장했다. 조금 있으면, 시작이야 라고 그녀는 생각했다. 그녀는 학생들을 맞이하면서, 그녀와 그녀의 팀이 어린이들을 가르치는 데 한 가지 문제에 직면해 있다는 것을 알고 있었다. 만일 그들이 학생들이 도착하자마자 그들의 주의를 끌지 못한다면, 그들은 기선을 빼앗기게 될 것이다. 가르칠 때 처음 1분이 중요하다. 그러나 처음 1분 이후 수업을 진행하는 동안, 주제나 개념을 바꿔야 할 때가 있다. 그럴 때에도, 당신이 학생들의 관심을 끌거나 그들을 놓치는 것도 처음 1분이 결정할 것이다.

1분은 길게 느껴지지 않는다. 그러나 당신의 학생들은 1분 단위로 생각하도록 조건지어졌다. 나는 텔레비전에서 방송되는 야구경기에서 팀의 공격이 바뀔 때마다 중간에 상업광고를 하는 것을 보았다. 방송의 광고시간을 사는데 엄청난 돈을 쓰는 회사들은 그들의 메시지를 전하기 위해 광고를 제작하는데도 엄청난 돈을 쓴다.

텔레비전은 우리가 생각하는 방식에 지대한 영향을 끼친다. 이전 세대는 어떤 이슈를 이해하기 위해 사리에 맞는 주장에 귀를 기울이는데 시간을 썼을지 모르지만, 오늘날 사람들은 신속한 정보를 원하며, 속속들이 전해주기 원한다. 정당들은 상세한 정책 진술들을 짜내고 이슈들을 토대로 캠페인을 벌인다. 그러나 종종 사소한 부분에까지 확실한 정치인이 예상한 표를 얻는데 성공을 거두게 된다.

당신이 주일학교 반을 가르치기 위해 주일 아침에 도착할 때, 감명을 주어야 할 1분이 있다. 만일 당신이 신속히 학생들의 관심을 사로잡는다면, 당신은 효과적으로 가르칠 수 있다. 만일 당신이 그 기회를 놓친다면, 당신은 많은 말을 해야 할지도 모른다. 그렇지만, 학생들 대다수는 아마도 딴 생각을 할 것이다.

## 예수님은 어떻게 청자들의 관심을 사로잡았나

예수님은 때때로 삶의 이야기로 관심을 사로잡았다. 예수님의 비유들은 짧았고 요점이 있었으며 기억하기 쉬웠다. 당신이 당신의 학과를 연구할 때, 당신으로 하여금 그 학과를 배우는 것을 도왔던 당신의 과거의 사건을 회상하고, 그 다음에 학생들과 함께 그것을 나눠라. 학생들은 당신의 이야기에 귀를 기울일 것이며, 그들은 자신들이 배우는 것을 깨닫기 전에 당신이 가르치고 있는 원리에 관해 생각하기 시작할 것이다.

예수님은 때때로 자신의 요점을 이해시키기 위해 사례를 들어 설명했다. 예수님은 한 과부가 자신의 전 재산이었던 동전 몇 개를 성전의 헌금함에 넣었을 때 그 과부를 주목했다(막 12:41-44). 예수님은 (그 사례를 들어) 자신의 청자들에게 예물 드림에 관해 가르치셨다.

예수님은 사람들로 하여금 그들이 어떻게 기도해야 하는지에 관해 생각하도록 하기 위해 성전에서 기도하던 바리새인과 세리에 관해 말씀하셨다(눅 18:9-14). 그리고 예수님은 청자들로 하여금 그들이 자신들의 삶을 어떻게 살아야 하는지에 관해 생각하도록 하기 위해 가난한 거지 나사로와 부자 사이의 차이점에 관해 말씀하셨다(눅 16:19-31).

때때로 지역에서 발생한 사건이 예수님의 가르침의 출발점이 되기도 했다. 몇 사람이 예수님께 와서는 제사를 드리다가 죽임을 당한 한 그룹의 갈릴리 사람들에 관해 말했을 때, 예수님은 그 사건을 통해 청자들로 하여금 죄를 회개하지 않으면 그들도 비슷한 운명에 처하게 될 것이라고 경고하셨다(눅 13:1-3).

매우 감동적인 설교를 하는 한 목사는 늘 그 주간에 토크쇼 진행자가 다룬 사건이나 이슈에 관해 말함으로써 자신의 주일아침 설교를 시작했다. 그는 텔레비전 시청자들의 주의를 끌었던 이슈라면, 자신의 설교를 듣는 사람들의 주의도 끌 것이라고 생각했다. 그때 그는 하나님께서 그 이슈에 관해 성경에서 말씀하신 것을 전했다.

예수님은 또한 실물교수를 활용하셨다. 예수님은 겸손에 관해 가르치기 위해 자신의 청자들의 한복판으로 어린아이를 불러들였다(마 18:2-4). 예수님은 동전을 사용하여, 세금을 내는 것과 하나님께 드리는 것에 관해 자신을 비판했던 사람들을 가르치셨다(마 22:19-21). 그리고 예수님은 십자가를 지시기 전에, 포도나무와 가지의 예를 들어 자신이 제자들과 맺을 수 있는 친밀한 관계에 관해 그들을 가르치셨다(요 15:4-8).

예수님은 종종 질문을 사용하여 주의를 끌고 자신의 요점을 이해시키기도 했다. 여러 번 예수님이 사용하신 질문은 실제로 그분의 청자들로부터 왔다. 예수님의 제자들은 그들이 길을 갈 때에 날 때부터 소경된 사람을 보게 되었을 때 "뉘 죄로 인함이오니이까 자기오니이까 그 부모오니이까"(요 9:2)라고 물었다. 자신의 이웃을 자기 자신과 같이 사랑하라고 요구받았을 때, 한 남자는 "내 이웃이 누구오니이까?"(눅 10:29)라고 물었다. 두 가지 물음 다음에 중요한 가르침이 뒤따랐다.

예수님은 드라마를 사용하시기도 했다. 제자들과 마지막 밤을 보내실 때, 예수님은 겸손에 관해 그들을 가르치시기 위해 몸소 제자들의 발을 씻어주심으로 가정에서 가장 낮은 자인 종의 역할을 행동으로 보이셨다.

때때로 예수님은 가르침을 시작할 때 잘 알려진 진술과 함께 시작하셨다. 예수님은 산상 수훈에서, 공통적인 율법 학자적 율법 해석을 인용하시면서 몇 번이나 "…하였다는 것을 너희가 들었으나"라고 말씀하셨다(마 5:1-48). 경우에 따라서, 예수님은 "기록하였으되"라고 말씀하신 후, 구약의 말씀을 인용하셨다(마 4:4,7,10).

예수님은, 모든 학과를 같은 방법을 사용하여 가르치는 것이 꼭 바라는 결과를 일관하게 달성하는 것은 아니라는 사실을 잘 알고 계셨다. 예수님은 사람들의 주의를 끌고 자신의 개념들을 이해시키기 위해 여러 가지 다른 방법들을 사용하셨다. 뿐만 아니라 때때로 예수님은 같은 그룹에 대해서도 주의를 끌기 위해 다른 방법들을 사용하셨다. 당신이 무엇을 하든지, 매주 당신의 주일학교 반에서 학과를 가르칠 때 다양한 방법을 사용하라.

## 서론을 준비하는 방법

학과의 서론을 준비하는 것은 종종 가르칠 준비를 하는 과정에서 당신이 하는 마지막 일이다. 서론은 반 학생들로 하여금 그 학과에서 배우게 될 것을 공부하도록 자극해야 한다. 핀들리 에지(Findley B. Edge)는 『결과를 위해 가르치기』(*Teaching for Results*)에서, 도입부분을 준비할 때 당신이 물어야 할 다섯 가지 물음을 제시한다.

1. 학과 공부를 시작할 때, 어떻게 나는 학생들의 관심을

사로잡을까?

2. 어떻게 나는 이 관심이 성경을 읽거나 성경을 공부하고자 하는 마음으로 이어지도록 이끌어줄 것인가?

3. 어떻게 나는, 성경 읽기는 목적이 있고 의미가 있다는 것을 보증할 것인가?

4. 반 학생들이 성경을 읽을 때, 나는 어떤 질문을 사용하여 그들의 공부를 지도할 것인가?

5. 성경을 읽은 다음, 어떻게 나는 학생들을 질문이 있는 토론으로 인도할 것인가?[1]

조금만 노력하면, 당신은 당신의 주일학교 시간의 처음 1분을 최대한으로 활용할 수 있다.

---

1) Findley B. Edge, *Teaching for Results* (Nashville, TN: Broadman and Holman, 1999), n.p.

## 19장

# 적용이 전부다

Application Is Everything

"그러면, 기도에 관한 오늘 공부는 이번 주 여러분의 삶에서 어떤 차이를 만들 것이라고 생각하나요?"

마크(Mark)는 어린 소년들에게 물었다. 그것은 그가 종종 자신의 주일학교 반 어린이들에게 묻는 질문이었다. 몇 주간 그는 수업을 하는 동안 2-3번 그 물음을 물었다. 이번 시간에는 조금 일찍 질문을 했다.

"우리는 더 많이 기도해야 되요"라고 10살 된 한 소년이 대답했다. 그 반은 방금 바울이 그의 독자들에게 자신을 위해 기도해달라고 요청한 신약의 몇 구절을 읽었다.

"그것은 좋은 생각이에요"라고 마크가 말했다. 이어서

그는 "그러면, 우리는 누구를 위해 기도해야 하지요? 그리고 무엇을 위해 기도해야 하지요?"라고 물었다.

여러 학생들이 바울이 사람들에게 기도해 달라고 요청했던 제목들을 말했고, 그로 인해 토론이 계속되었다. 토론이 끝나갈 무렵, 소년들은 자신들이 교회의 목회자들과 선교사들을 위해 기도해야 한다고 결론을 내렸다.

"그러면, 그 기도를 하기 원하는 사람은 말해봐요"라고 마크는 말했다. 마크의 교회에는 게시판의 뒷면에 그 교회의 모든 선교사들의 목록이 인쇄되어 있었다. 그는 소년들에게 선교사들의 이름을 정해준 후, "지금 시작하도록 해요"라고 말했다. 각 소년들이 그 주간 자신들에게 할당된 선교사들을 위해 기도하는 동안, 반 학생들은 함께 고개를 숙이고 기도했다.

몇 분 후, 마크는 "우리는 약 5분간 더 기도할 거예요. 두 명씩 나누어 기도 파트너를 정하고 각자 한 두 가지씩 특별한 기도 제목을 나누도록 해요. 그 다음에 서로를 위해 기도함으로 오늘 우리의 수업을 마치도록 하겠어요"라고 말했다.

오늘 아침에는 단지 세 구절만 공부했구나 라고 마크는 생각했다. 그 때 그는 서너 명의 소년들이 여전히 기도하는 것을 보았다. 그 모습을 보고는 회심의 미소를 지으면서, 하지만 우리는 이 세 구절을 진정으로 이해한 거야 라고 혼자말로 말했다.

## 말씀을 듣는 사람들과 말씀을 행하는 사람들

교사들의 주된 열정은 새로운 사실들을 배우고 그것들을 자기 반에 효과적으로 전하는 것이다. 그러나 가르침이 진정으로 평가를 받는 것은 학습자들이 학과를 매일 삶 속에서 실천할 때이다. 단순히 새로운 이해(insights)을 얻는 것만으로는 충분하지 않다. 야고보는 그의 독자들에게 이렇게 촉구했다. "너희는 도를 행하는 자가 되고 듣기만 하여 자신을 속이는 자가 되지 말라"(약 1:22). 바울도 그가 "예언하는 능이 있어 모든 비밀과 모든 지식을 알고 또 산을 옮길만한 모든 믿음이 있을지라도 사랑이 없으면 내가 아무 것도 아니요"(고전 13:2)라고 인정했다. 당신이 가르칠 때, 당신은 학생들로 하여금 단순히 새로운 것들을 배우는 것을 넘어 학과를 삶에 적용하는 것으로 나아가게 할 필요가 있다. 그렇지 않다면, 학생들이 무엇을 배웠다고 할 수 있겠는가? 예수님은 "내가 너희에게 분부한 모든 것을 가르쳐 지키게 하라"(마 28:20)라고 말씀하셨다. 적용이 전부다.

## 적용과 응답

당신이 학과의 내용을 요점 정리하여 말할 때, 매일의 삶을 위해 특별히 적용하는 것을 중요하게 다뤄라. 어떤 교사들은 내용을 가르치는 일에 너무 헌신된 나머지 진리를 삶에 적용하는 것에 관해서는 잊어버린다. 그들의 학과 계획은 종종 길다란 화물열차와 같다. 그들이 시동을 걸면, 즉 수업을 시작하면, 그 다음엔 사실들로 채워진 화물열차가 그 뒤를 따른다. 그 기차의 길이를 결정하는 것은 오직 사실들을 가르치도록 정해진 시간이다. 학생들이 교실을 떠날 때, 그 다음 주 수업은 사실들로 채워진 그 다음 칸의 화물열차와 함께 시작될 것을 그들은 안다. 교사는 가르치지만, 그 반 학생들은 성경의 진리들을 자신들의 삶에 적용하는 일을 거의 하지 않는다.

가르침을 하나의 사역으로 이해할 때, 그 목적은 언제나 변화된 삶에 있다. 우리는 "가르쳐 지키게"(마 28:20)해야 한다고 예수님은 말씀하셨다. 그러므로 당신이 가르치는 것에 대한 실제적인 적용을 격려하도록 당신의 학과를 계획하라. 그 적용의 일정한 성질은 그 수업을 위한 가르침의 목적과 직접적으로 관계가 있어야 한다.

대개, 적용의 대부분은 해당 학과의 결론에서 할 것이다. 결론을 쓸 때, 다음을 포함하라.

- 간략한 학과 요약
- 분명한 적용
- 당신이 반 학생들에게 기대하는 반응

주일학교 학생들은 진리가 자신들의 삶에 어떻게 적용되는지를 그들이 알 때, 그 진리를 더 잘 이해할 수 있게 된다.

당신이 학생들에게 응답을 요구할 때, 특별히 당신이 반 학생들로 하여금 하기를 원하는 것을 강조하라. 그들에게 가르침을 받은 것에 응답하도록 요구하라. 많은 교사들이 자신들의 학과를, 학과 내용과는 아무런 관계없이 구원에 대해 불분명하게 호소하면서 결론을 내린다. 대조적으로, 어떤 교사는 학생들에게 성경에 관한 학과를 하나 가르친 후에 두 주간 혹은 세 주간의 성경 읽기 프로그램에 참여하라고 요청할지도 모른다. 또는 기도에 관한 학과에 응답하여 매일 10분 동안 기도하는 일에 헌신하라고 요청할지도 모른다.

당신은 당신의 주일학교 학과를 어떻게 결론을 내리는지에 주의할 필요가 있다. 어떤 교사들은 자신들의 학과들을 적용하도록 격려하는데 어려움을 겪는다. 왜냐하면 아직 수업이 끝나지 않았음에도, 그들은 몸짓이나 자신들이 사용하는 말을 통해 수업이 끝났다고 신호하기 때문이다.

어떤 한 교사는 수업의 마지막 부분에 자신의 성경을 덮어놓고 결론을 내렸다. 그때 그는 여러 학생들이 자기들의 성경을 덮고 떠날 준비를 하는 것을 보았다. 그 다음 주에 그는 자신의 성경을 펴놓고 학과에 대한 결론을 내렸고, 전 학급이 끝까지 학과 전체에 주목하는 것을 알게 되었다.

이번 주, 당신의 학과는 무엇에 관한 것인가? 어떻게 당신의 학생들은 학과를 자신들의 삶에 의미 있는 방법으로 적용할 수 있을까? 그들로 하여금 단순히 하나님의 말씀을 듣는 자들이 아니라, 하나님의 말씀을 행하는 자들이 될 수 있도록 격려하는 여러 가지 방법들을 찾아보라.

| 20장 |

# 점검이 중요하다

Review Is Important

애나(Anna)는 자신의 가르치는 사역이 고등학교 여학생들의 삶에 영향을 주는 것에 내심 보람을 느꼈다. 그날은 그 분기의 마지막 주일이었다. 그녀는 대개 "자, 점검해 보도록 해요"라고 말하면서 수업을 시작했다. 그녀는 늘 주의 깊게 준비된 질문 목록을 사용하여 학생들로 하여금 그들이 배운 것을 말하도록 도왔다.

애나는 "백만 장자를 꿈꾼다"(Who Wants to Be a Millionaire?)의 예를 들면서, 그날 수업을 시작했다. 그녀는 여러 가지 상품들이 가득 들어 있는 가방 하나를 가지고 있었는데, 그것들은 자신의 질문 목록에 있는 질문들을 잘 맞추는 학생들에게 보답으로 줄 것들이었다. 점검(review)을 모두 마친 후, 학생들은 찬 음료를 마시면서 자신들이 최근 몇 주간에 걸쳐 배운 학과들을 어떻게 적용할 수 있었는지에 대해 함께 나누었다.

애나는 점검을 자신의 가르침이 얼마나 효과가 있었는지 시험하는 시간으로, 그리고 소녀들에게 그들이 얼마나 많이 배웠는지를 보여주는 기회로 여겼다.

## 점검의 유익한 점

학생들의 진보를 측정하는 것은 점검과 관련된 여러 이점들 중의 하나이다. 당신의 학생들에 대한 당신의 바람은 단순히 그들이 수업에 참여하는 것 그 이상과 관계가 있다. 점검을 통해 당신은 학생들이 정말로 무엇을 배우고 있는지 알게 된다.

당신은 또한 점검을 사용하여 학습에 동기를 부여할 수 있다. 초등부 어린이들을 가르치는 어떤 교사는 이야기를 가르칠 때 흔히 붉은 감초 가방을 열어 한 조각을 씹으면서 반을 가르치기 시작했다. 어린이들은 이야기가 끝날 때 여러 질문을 받게 된다는 것과 그 질문들에 대답할 수 있는 모든 어린이들은 길다란 붉은 감초 조각을 받게 될 것이라는 것을 알고 있었다. 어린이들은 배움의 동기를 제공받을 뿐만 아니라, 어떤 어린이가 소란을 피울 때 다른 학생들이 그를 조용하게 했다. 그러므로 그들은 이야기도 듣고 감초도 얻을 수 있었다.

점검은 또한 당신으로 하여금 당신이 얼마나 잘 가르치고 있는지를 평가하는 것을 돕는다. 우리는 모두 정기적으로 평가를 필요로 한다. 사실, 교사로서 당신은 어느 날 하나님께 평가(심판)를 받게 될 것이다(약 3:1-2).

점검은 두 가지 점에서 당신을 도울 수 있다. 첫째로, 당신은 당신의 가르침을 세워갈 수 있는 당신의 가르침의 장점들을 확인할 수 있다(살전 5:21을 보라). 둘째로, 당신은 당신이 더 좋은 교사가 되고자 할 때 경청할 필요가 있는 문제의 영역들을 확인할 수 있다.

## 점검의 내용

당신이 점검할 때, 기본적인 지식과 이해와 관계가 있는 물음들을 물으면서 시작하라. 매주 주일학교에서 당신이 하는 중요한 일들 중 하나는 성경의 내용을 전하는 것이다. 당신의 학생들은 얼마나 잘 성경을 배우고 있는가? 학생들이 성경의 내용들을 제대로 배우고 있는지 알아보고자 한다면, 이전 학과들에 관한 여러 가지 질문들을 포함시켜라.

주일학교와 관련하여, 단순히 지식이 자라 가는 것만으로는 충분하지 않다(고전 13:2를 보라). 당신은 또한 학생들의 태도와 가치 그리고 성격을 점검하기를 원한다. 몇 달간에 걸쳐 당신의 반을 지켜보았을 때, 학생들의 태도와 성격에 어떤 변화가 있다고 여겨지는가? 이것은 오 엑스 질문(true-or-false questions) 목록을 사용하여 결정할 수 있는 문제가 아니다. 수업 시간외에 학생들과 시간을 함께 보내면서, 삶의 변화에 관해 그들과 이야기를 나눠라. 그것은 점검하는 훌륭한 방법이다.

당신은 또한 선택과 행위 그리고 습관을 점검하기를 원한다. 당신이 가르치는 목적은 행동의 변화를 이루게 하는 것이다. 당신의 학생들이 성경을 배워 가는 동안, 성령은 그들이 예수님을 더 닮아가도록 당신의 학과들을 사용하여 그들을 변화시킬 수 있다. 애나는 자기 반 소녀들이 학교에서 내리고 있는 결정에 관해 그들이 서로 이야기하는 것을 들으면서, 자신이 가르치는 학과들이 어떻게 그들의 삶에 적용되고 있는지를 볼 수 있었다.

당신의 가르침을 점검할 때, 당신의 질문들을 현명하게 선택하도록 주의하라. 당신의 선택은 다음의 기준에 근거해야 한다.

- 당신이 학생들로 하여금 배우기를 원하는 것
- 연령 단계 (즉, 그들의 능력)
- 당신이 학생들의 삶에서 일어나기를 기대하는 변화

이 세 가지 요소를 주의 깊게 살펴 보라.

## 점검을 위한 자료들

당신은 통계 자료를 봄으로써 점검을 시작할 수 있다. 주일학교 교사로, 당신은 아마도 출석을 부르고 출석부에 학생들에 관한 여러 가지 정보를 기록할 것이다. 불행히도, 이런 기록들은 자료들이 모아진 다음에는 종종 사용되지 않은 채로 방치된다. 점검을 통해, 당신은 출석 상황, 시간 엄수, 학과 준비와 전도(outreach)와 같은 사항들을 파악하게 될 것이다. 당신은 성구 암송 대회나 새로운 학생들을 데려오기와 같은 당신 자신이 특별히 강조한 것들도 보게 될 것이다.

비형식적 피드백(informal feedback)은 점검의 두 번째 자료이다. 때때로 다른 사람들이 당신이 가르치는 학생들의 삶에서의 행동 변화를 주목하고, 자신들이 목격한 것을 당신과 나눌 것이다. 이것은 당신에게 그 학생들에게서 일어나고 있는 식별이 가능한 변화의 지표를 제공해 준다. 때때로 이런 피드백은 학과에서 제기된 특별한 이슈를 통해 학생들이 도움을 받은 것에 대해 당신에게 감사할 때 오기도 한다.

질문은 가장 공통적인 점검의 형태이다. 당신이 질문을 할 때, 당신의 학생들은 당신이 자신들을 평가하고 있다는 것을 깨닫지 못할지도 모른다. 더욱이 "점검해 봅시다"라고 말하고는, 지난주에 공부했던 학과에 관해 질문하면서 수업을 시작하려고 해 보라.

학생들 중에는 테스트를 잘 받지 못하는 학생들이 있다. 당신의 반에는 현재 배우고 있는 학생들도 있을 것이다. 그러나 그런 학생들은 갑자기 다른 사람들 앞에 서게 되면, 당황하여 제대로 기억하지 못할 수 있다. 이런 점을 고려하여, 당신은 게임의 방식을 통해 점검하는 것도 나쁘지 않다. 당신의 학생들이 게임을 하는 것에 초점을 맞추는 경우엔, 물음에 대답하는 것은 부차적이 된다.

점검을 위해 필기시험이 사용될 수 있다. 장년 주일학교 반은 인성 검사(personality-profile test)를 사용하여 점검할 수 있다. 어떤 교사들은 은사 점검표(spiritual-gift inventory)를 사용하여 반 학생들이 은사에 관한 학과들에 대한 점검으로서 그들의 영적 은사들을 확인하는 것을 돕는다.

당신은 또한 프로젝트를 통해 점검할 수 있다. 당신의 학생들이 학급에 더 깊이 참여할수록, 그들은 당신이 가르치려고 하는 중요한 학과들을 더 잘 배울 것이다.

당신이 점검할 때, 한 가지 질문에 근거하여 결론을 내리는 일이 없도록 주의하라. 모든 사람에게는 상태가 좋지 않은 날이 있게 마련이다. 그리고 학생들에게는 한 가지 또는 그 이상의 질문들에 대답할 수 없는 여러 이유들이 있을 수 있다. 당신의 가르침에 관해, 또는 당신의 학생들이 얼마나 잘 배우고 있는가에 관해 확실한 결론을 내리기 전에 몇 가지의 유형의 점검을 통해 결과들의 한 형태를 찾아라.

## 점검의 빈도

그러면, 당신은 얼마나 자주 점검해야 하는가? 그것은 당신 혼자서 답하기에는 어려운 문제이다. 일반적으로, 당신이 더 자주 점검할수록, 그 과정은 덜 긴장이 될 것이다. 어떤 교사들은 매주 조금씩 점검할 것이다. 또 어떤 교사들은 두 달이나 세 달에 한번 꼴로 한 주일을 정해서 점검하는 시간을 가질 것이다.

가르침을 점검하는 것은 잔디를 관리하는 것과 아주 흡사하다. 당신은 잔디를 깎을 필요를 느낄 때마다 잔디를 깎는다. 당신은 가르침을 점검할 필요를 느낄 때마다 당신의 가르침을 점검한다. 가르치는 사역을 정기적으로 점검하는 것은 교사로서의 당신의 개인적인 성장 계획의 중요한 한 부분이 될 것이다.

## 21장

# 좋은 행동은 저절적으로 오지 않는다

Good Behavior Doesn't Come Naturally

프랭크(Frank)는 어린 소년들을 가르치는 것을 좋아했다. 그러나 그는 자신이 직면한 학생들의 행동 문제 때문에 좌절감을 느꼈다. 요즘 시대는 그가 그들의 나이일 때와는 확실히 다르다는 생각이 들었다. 그는 학과를 전하는 데보다 문제 학생들을 다루는 데 더 많은 시간을 보내기 때문에 가르치는 것을 그만두는 것을 고려하고 있었다. 프랭크는 주일학교장과 상담을 했고, 그는 학습 과정에서 학생들과 관계를 형성하는 것이 문제 행동을 바로 잡는 첫 번째 단계라고 설명했다. 그런 다음 그는 부정적인 행동을 다루는 몇 가지 방법들을 말해 주었다.

애석하게도, 새로운 많은 주일학교 교사들은 학생들의 행동과 관련된 문제를 가지고 있다. 그것은 대규모로 급격히 퍼진 훈육의 문제(a discipline problem)이다. 학생들이 크레용을 나눠 쓰지 않거나 줄을 서 있는 동안 가만히 있는 것을 어려워하는 것과 같은 과거의 문제들은 오늘날의 문제들과 비교해 볼 때 단순한 것들이다. 오늘날 욕설을 내뱉거나 주먹으로 남을 때리거나 침을 뱉거나 물거나 또는 약한 교사들을 반항적으로 빤히 노려보는 어린이들로 인해, 화나게 하는 새로운 상황들이 발생한다.

교사들은 어떻게 반응하나? 체벌(corporeal punishment)은 선택사항이 아니다. 어떤 교사들은 학생들에게 고함을 지른다. 그러면, 학생들도 고함으로 대꾸한다. 또 어떤 교사들은 뿌드득 이를 갈거나 소리를 지르거나 아니면 자리를 뜬다.

오늘날 무엇이 학생들로 하여금 그토록 난폭한 행동을 하게 하는가? 한편으로, 학교에서 묵인된 행동이 교회학교 안으로 흘러들어 오고 있지만, 그것은 문제의 전부가 아니다. 그리스도인 가정의 아이들은 대개 그들이 다니는 학교 아이들보다 더 낫게 행하지만, 그럼에도 불구하고 지나치게 활동적인 어린이들은 여전히 문제이다. 또한 매일 어린이집에 다니는, 부모의 사랑에 굶주린 어린아이들은 불순종적이고 파괴적인 행동을 통해 그들의 욕구를 표현한다.

어떠한 조처가 취해질 수 있나? 교사들은 무슨 수를 쓴다하더라도 21세기 어린이들을 조용하게 할 수 없다는 것을 깨닫고 있다. 과거에는 교사들이 가장 조용한 학생에게 상을 주거나, 사전에 준비해 놓은 의자인 신비의 의자를 사용했는데, 그것의 선점자는 상을 받거나 다른 형태의 특별한 인정을 받았다. 그러나 이런 방법들이 늘 효과를 발휘하는 것은 아니다. 오늘날의 학생들은 학습 과정에 함께 참여할 필요가 있음에도, 대부분의 주일학교 교사들은 교실 관리(classroom control)를 분담할 준비가 되어 있지 않거나 채비를 갖추지 못했다.

## 주일학교의 권위

예수님이 우리로 하여금 제자를 삼으라고 말씀하셨을 때, 예수님의 의도는 우리가 먼저 우리 자신을 훈육(discipline)하고 그 다음에 우리 학생들에게 훈육을 가르치게 하는 것이었다.

주일학교의 권위는 하나님의 말씀에 있는 반면에, 공립

학교의 권위는 민주적 과정에 있다. 그러므로 교사들은 대개 주일학교에 관한 문제들을 다르게 다룬다. 즉, 하나님은 사랑이시기 때문에, 교사들은 그분의 사랑을 전해야 한다. 성경은 옳은 것을 지지하기 때문에, 교사들은 학생들이 계속해서 잘못된 행동을 하는 것을 내버려두지 않아야 한다. 십계명은 하나님의 이름이 망령되이 일컫는 것을 금하기 때문에, 교사들은 (학생들이 하나님의 이름으로) 욕설하는 것을 허용할 수 없다.

### 효과적인 훈육

주일학교는 좋은 행동을 보장하기 위해 가정과 협력해야 한다. 주일학교 사역자는 훈육하기 위해 결코 학생에게 손을 대서는 안되기 때문에-그것은 법이 금하는 것임-그리고 부정적인 훈육의 방법은 오해의 소지가 있기 때문에, 주일학교는 가정과 협력하지 않으면 안 된다.

훈육의 첫 번째 전제는 어머니나 아버지가 아이를 훈육할 권리와 의무를 가진다는 것이다. 그러므로 가정은 가르침의 과정에 관여해야 하며, 훈육에 관여하는 일에 소극적인 태도를 보여서는 안 된다.

두 번째 전제는, 주일학교는 사랑과 수용의 공간이어야 한다는 것이다. 그러므로 부정적인 훈육은 조심해서 해야 한다.

교사들은 무엇을 할 수 있는가? 좋은 학급 훈육은 교사의 자기 훈육과 함께 시작되어야 한다. 교사들은 잘 준비하고 학급 활동을 계획하고 각 학과의 내용을 통달해야 하며 흥미를 일으키는 여러 가지 가르침의 기술을 사용하는 일에 정성을 기울여야 한다. 듣는 것은 학습이 아니며, 따라서 가르침은 단지 말하는 것이 아니라는 것을 교사들은 기억해야 한다. 학생들은 일어나야 하고, 기지개를 쭉 펴야 하고, 소리를 질러야 하고, 당당하게 걸어야 하며, 성경 말씀을 행해야 한다. 초등부 어린이들과 함께 일하는 한 사역자는 수업을 시작할 때 자발적으로 약간의 몸 동작을 지도한다. 그들은 여기 저기 뛰어다닐 수 있다. 한 교사는 "이리 저리 몸을 마음대로 흔들어도 괜찮아요"라고 말한다.

때때로 학생들은 교실의 조건 때문에 산만해진다. 교실에 사람이 너무 많거나, 환기가 좋지 않거나, 어지러 뜨려져 있거나, 너무 덥거나, 너무 어두울 경우에 그렇다. 적절한 시설이 좋은 행동을 보장하는 것은 아니지만, 시설이 열악할 경우 좋지 못한 행동을 유발하게 될 것이다.

교사들은 학생들을 앞으로 그리고 수업 전에 그들과 대화를 하기 위해 주일에 일찍 옴으로 주위 산만한 행동을 완화시킬 수 있다. 한 어린이가 반항적일 때, 그 어린이의 친구가 되라. 그리고 그에게 주일학교는 예수 그리스도에 관해 배우는 곳이라는 것을 상기시켜줘라. 사랑과 주의를 함께 나눔으로, 교사는 그 아이로 하여금 교실에서 산만하게 하는 바로 그 필요를 충족시킬 수 있을 것이다.

교실은 많은 학생들에게 겁을 먹게 하는 곳일지도 모른다. 그 결과, 그들은 당신에게 반발하고 당신에게 덤벼든다. 그들로 하여금 당신이 기대하는 것을 알게 함으로, 겁을 먹게 하는 요소들을 조금이라도 제거하라. 학생들은 자신들에게 무엇을 기대하는지 자신들이 알 때 더 잘 반응할 것이다.

편견이나 선입견을 가지고 학생들에게 반응하지 마라. 어떤 교사들은 머리가 긴 소년들, 문신, 지저분한 옷, 콧물이 질질 흐르는 코, 낄낄거리고 웃는 것, 그리고 주제넘게 나서는 소녀들을 좋아하지 않는다. 만일 교사가 개인적으로 반응한다면, 결국에 행동은 소리지르기 시합으로 끝나고 만다. 교사가 산만한 학생을 바로잡으려고 할 때, 교사가 권한을 지닌 자리에 있다 하더라도 그것은 논쟁이 된다. 학생의 훈육은 법칙을 어긴 결과로 받는 것이지, 인격 투쟁(personality clashes)이 아니라는 것을 잊지 마라.

좋은 훈육을 하기 위한 다른 긍정적인 조처들에는 좋은 행동을 칭찬하고, 협력자들을 충분히 모집하고, 교사가 학생 사이에 앉고, 호기심을 유발하는 시각 교재를 사용하고 그리고 문제 학생들을 위해 집중적으로 기도하는 것이 포함된다.

그러나 경우에 따라서는 부정적인 조처들이 더 적절할 때가 있다. 여러 탁월한 교사들이 한 사람을 제외하곤 모든 어린이들의 관심을 사로잡았다. 플란넬 판(flannelgraph)을 활용하여 전하는 이야기가 학급 전체에 한참 무르익어 갈 때, 한 반항적인 소년이 웃어버리면 어떤 일이 벌어지는가? 수업을 듣기 원하는 대다수의 반 학생들은 무법자 한 사람의 방해 때문에 손해를 보지 않아야 한다.

싸우기 좋아하는 학생을 교실에서 내어 보내라. 그를 사무실에 있게 하라. 그렇게 할 때, 그 학생은 어린이들을 위한 공연할 무대를 잃게 된다. 당신은 그에 대한 고민을 덜게 된다. 그리고 그가 교실 밖으로 나갈 때, 당신은 그를 개인적으로 상담할 수 있다. 그와 상담하기 전에, 그로 하여금 조용히 앉아 기다리게 하라. 이것은 그에게 생각할 기회를 주는 것이다. 그의 행동에 관해 그와 이야기를 나눌 때 적절한 동기에 호소하고, 교실에 다시 들어가서 좋은 행동을 하도록 그에게 책임을 부여하라.

행동에 대해 당신이 대응하는 방식은 중요하다. 언제나 수업 전에 좋은 행동의 목적을 간직하라.

## 22장

# 반을 매력적으로 만드는 법

How to Make Your Class Inviting

말시(Marcie)는 교회 지하실에서 신입생 반을 가르쳤다. 거기는 음산했기 때문에, 그녀는 의기소침했다. 하지만 교실이 그녀의 태도에 얼마나 많은 영향을 주는지 그녀는 깨닫지 못했다. 여지까지 그녀의 수업이 별 효과가 없는 것은 이상한 일이 아니었다. 교실은 그녀의 어린 학생들에게 같은 영향을 미쳤다.

말시는 자신의 집안 모임에 참석했을 때, 한 친척이 다니는 교회의 신입생 주일학교 교실을 방문할 기회가 있었다. 그곳에서 그녀의 가르침이 변화를 받게 되었다. 그 교실은 그녀의 교실과 비슷했다. 그러나 그 교사는 그곳을 배우기에 쾌적한 공간으로 만들었다. 즉, 그 교실은 밝은 페인트, 좋은 조명시설, 쾌활한 음악, 부드러운 깔개, 낮게 걸린 그림들, 그리고 한 쪽 벽에 큰 포스터를 부착하고 있는 등 좋은 환경을 갖추고 있었다. 그와 같이 말시도 집으로 돌아온 후, 자신의 교실과 가르침에 새로운 활력을 불어넣었다.

## 경탄할 만할 교실 환경을 창출하라

학생들은 그들이 교실 경험을 즐길 때 가장 잘 배운다. 반면, 그들은 그들이 교실을 싫어할 때 학과를 빨리 잊게 된다.

어떤 주일학교 교사들은 적절한 시설을 갖춘 아름다운 교실을 배정 받는다. 그들은 흥미진진한 가르침의 경험을 즐길 기회를 갖게 된 것을 기뻐한다. 또 어떤 교사들은 그보다 못한 시설을 갖춘 교실을 제공받는다. 그러나 모든 교실들은 약간의 창의성과 노력으로 개선될 수 있다.

## 분위기

교실의 외관은 우리가 종종 깨닫는 것보다 더 중요하다.

왜냐하면 어린이의 삶에서 발생하는 비형식적 학습 (informal learning)은 영적 개념들과 아이디어들을 형성하는 데 가르침이 하는 것보다 더 많은 것을 하기 때문이다. 한 어린이가 매주 오는 교실은 교사의 학과 계획만큼 학생의 삶에 영향을 준다.

첫 인상은 계속 이어지는 인상이다. 어린이들은 주일학교에서 이용 가능한 가장 좋은 공간을 사용할 만한 충분한 가치가 있다. 교실은 새 것일 필요는 없지만, 그러나 그것은 밝고 쾌적해야하고, 창문은 아이들이 밖을 내다볼 수 있을 만큼 충분히 낮아야 한다. 우리가 아이들을 어둡고 황량한 교회 지하실에 계속 붙잡아 두고, 너무 높아 그들의 발이 결코 바닥에 닿지 않는 어른용 접는 의자에 그들을 앉게 하며, 낡아빠진 중고품 탁자를 학생들을 위한 탁자로 사용할 때, 우리는 어린이들에게 "하나님께는 어떤 것이든 상관없이 괜찮아"라고 말하는 것이 될지도 모른다. 어린이들은 교회를 행복한 곳으로 생각하도록 인도를 받아야 한다. 만일 그들이 교회를 좋아하고 자기 선생님을 사랑한다면, 그들은 또한 아마도 하나님을 더 사랑할 것이다. 왜냐하면 주일학교 환경은 어린이들의 학습에 지대한 영향을 미치기 때문이다.

물을 주는 식물들과 먹이를 먹이는 물고기들 그리고 향기를 발하는 꽃들은 교실을 활기차게 해준다. 아이들의 눈높이에 맞게 걸려 있으면서 종종 바꿔주는 적절한 그림들은 교실의 외관을 향상시켜줄 뿐만 아니라 가르침 전체를 효과적이게 하는 데 도움이 된다.

당신의 교실은 당신이 최선을 다해 매력적인 공간으로 꾸몄다고 여겨질 만큼 매력적인가? 당신은 새로운 비품들을 필요로 하는가? 당신이 활용해야 할 시각 교재들은 있는가? 어린이들을 더 행복하게 하고 당신의 가르침을 더 효과적이 되도록 하기 위해 교실의 분위기에 변화를 줄 것이 있다면 어떤 것들이 있는가?

## 편안함

공간과 시설에 다소 부족한 점이 있다하더라도, 교사들은 학습을 위한 편안한 환경에 대해 늘 관심을 가져야 한다. 교실은 골고루 따뜻해야 하고, 바닥은 카펫이 깔려 있어야 하며, 창문들은 가능하면 빛이 많이 들어올 수 있고 쉽게 열리고 닫힐 수 있도록 고안되어 있어야 한다.

환기 상태는 온도 못지 않게 중요하다. 환기를 시키기 힘든 교실은 반 학생들이 도착하기 전에 철저하게 환기를 시켜야 한다. 가급적이면 통풍이 잘 안되거나 답답한 교실은 피하도록 하라. 사람이 아주 많은 교실에서 교사들과 학생들이 발생시키게 될 몸의 열기를 고려하라. 환기가 잘 되고 편안한 교실에 들어가는 교사들은 상승하는 온도에 점차로 조건화된 나머지, 학생들이 경험할지도 모를 불편에 대해 제대로 의식하지 못할 수 있다. 분명한 것은, 불편을 느끼는 아이는 최선의 학습 태도를 갖기가 쉽지 않다는 것이다.

좋은 조명은 중요하다. 종종 지하 교실의 경우 처럼, 만일 창문들이 충분한 빛을 제공하지 않는다면, 천장에 적당한 조명 기구를 설치하는 것을 잊지 마라. 햇빛이 직선적으로 들어오는 방은 빛을 차단해줄 블라인드(window shades)를 사용하거나 엷은 색조를 내는 유리가 사용되어야 한다.

## 청결

주일학교의 어린이 부서는 당신의 깨끗한 방처럼, 청결하고 말끔해야 한다. 필요하다면, 자주 벽에 페인트를 칠하라. 비품들은 선반에 말끔하게 보관해 두라. (선반용 목재 문을 만들거나 선반을 가릴 밝은 색 커튼을 다는 것도 좋은 방법이다.) 작은 그림들과 종이 그리고 다른 품목들, 이를테면 라벨이 붙은 상자 안에 들어 있는 크레용, 연필, 풀과 가위들을 선반 위에 보관하라. 불필요한 물건들은 버려라. 게시판은 어린이들의 눈 높이에 맞게 부착되어야 한다. 진열품들은 자주 교체되어야 한다.

학생들은 자신들의 교실을 청결하게 유지하는데 어느 정도의 책임을 부여받아야 한다. 어린이들로 하여금 의자를 뒤집어 놓은 채로, 풀의 뚜껑을 열어 그냥 책상 위에 올려놓은 채로, 연습장을 선반 위에 펼쳐 놓은 상태나, 또는 바닥 위에 진흙 발자국을 남긴 채로 교실을 떠나게 하는 교사는 그들에게 질서와 훈련을 가르칠 소중한 기회를 놓치는 것이 된다. 좋은 규칙은 모든 것을 위한 하나의 자리를 포함하며, 그 하나의 자리에 모든 것을 포함한다.

어린이 주일학교 교실은 그들이 편안함을 느끼는 공간이 되어야 하지, 결코 저장실이나 명소가 되게 해서는 안 된다. 교실 안에 있는 모든 것은 그곳의 목적에 맞아야 한다. 만일 그렇지 않다면, 그것을 없애야 한다. 당신은 저장을 위한 공간이나 진열기구를 위한 공간을 제외하고 적어도 어린이 한 명당 바닥 공간이 평방 25 피트(약 7m 60cm-역주)를 필요로 한다는 것을 기억하라.

## 매력적인 외관

주일학교 교실은 다음과 같은 메시지를 전해야 한다. "어서 와요. 이곳은 여러분이 여러분의 친구들이나 선생님들에게 말할 수 있고, 하나님에 관해 말할 수 있으며, 심지어는 하나님께 말할 수 있는 곳이에요." 모든 교실은 활동을 위한 공간, 호기심을 자극하는 흥미 센터(interest centers) 그리고 "내면을 향해 자라갈 수 있는 공간"을 제공해야 한다. 훈육의 문제들은 종종 사람들이 많은 교실에 기인한다. 교실이 작을 때(어린이 한 명당 20평방 피트가 안 되는 작은 공간일 때), 활동은 대개 "말하고 듣기" 상황으로 한정된다. 어린이들은 직접적인 경험들, 즉 조사, 탐구, 계획, 상담, 손으로 만져보기, 만들기, 대화하기, 활동, 반죽, 묻기와 움직이기와 같은 경험들을 통해 가장 잘 배운다. 당신의 교실은 그와 같은 경험들을 가능하게 하는지 확인하라.

## 불충분한 공간과 시설을 극복하라

적절한 공간과 시설이 늘 이용 가능한 것은 아니다. 그 때 당신은 무엇을 할 수 있는가? 그런 문제들을 극복하기 위해 당신의 연구심과 창의력을 사용하라.

- 다른 교사들과 함께 문제들을 토의하라.
- 불필요한 가구들을 방에서 치워라.
- 특별한 비밀 보호를 위해 이동할 수 있는 칸막이 사용을 고려하라.
- 작은 교실 밖에 있는 저장고를 활용하라.
- 접는 의자와 테이블을 사용하라.
- 공간을 확보하기 위해 깔개를 사용하라.
- 교회의 장의자를 돌려서 서로 마주 보고 앉게 하라
- 비좁은 장소에서는 탁자나 책상 대신 무릎 위에 올려 놓는 엷은 판자를 사용하라.
- 이용 가능한 공간을 활용하여 그림과 포스터를 진열하라.

## 교실을 다시 한번 살펴 보라

당신의 주일학교 교실을 죽 둘러보면서 눈에 들어오는 것을 살펴 보라. 요기 베라(Yogi Berra)는 "당신은 그냥 둘러 보기만 해도 많은 것을 볼 수 있다"라고 말했다. 당신은 지금 교실을 둘러보고 있다.

- 오래된 피아노 위에 찬양대 악보가 보이는가?
- 의자로 가득 차 있는 방이 보이는가?
- 천장에 드러나 있는 백열전구가 보이는가?
- 비뚤어지게 걸려 있거나 어린이들이 보기에 너무 높이 걸려 있는 사진이 보이는가?
- 한 달이 지났는데도 게시판이 바뀌지 않고 그래도 있는 것이 보이는가?
- 지난 분기에 있었던 개인 대항 출석 점검표가 아직도 남아 있는 것이 보이는가?
- 지저분한 상자 안에 있는 부러진 크레용들이 보이는가?
- 공개용 서랍장 안에 지저분한 풀들, 오래된 프로젝트 더미, 여러 개의 가위, 깍지 않은 채 방치돼 있는 연필

들과 집에서 가져온 오래된 종이 더미가 들어 있는 것이 보이는가?

- 너무 높거나 너무 낮은 낡고 검은 페인트가 칠해진 탁자들이 보이는가?
- 먼지가 잔뜩 끼어 있는 조화가 꽂혀 있는 꽃병이 보이는가?
- 크기와 색상이 다르고 수선이 필요한 서로 어울리지 않는 의자들이 보이는가?

어질러져 있는 교실은 어린이로 하여금 삶은 어질러지는 것이라고 느끼게 한다. 무질서한 방은 어린이로 하여금 불안하고 산만한 느낌이 들게 만든다. 무관심하게 그냥 내버려 둔 방은 어린이로 하여금 무관심하게 내버려져 있다는 느낌을 갖게 한다.

불결하거나 무질서하거나 관심이 부족한 것에 대해 변명의 여지가 없다. 어린이들을 가르치기 위해 그려졌을 뿐만 아니라 그들의 눈 높이에 맞게 걸려 있는, 그들의 마음을 끌어당기는 한 편의 그림은 아무런 의미를 전달하지 못한 채 걸려 있는 여러 개의 값싼 그림들보다 훨씬 낫다. 종교적인 구호들은 효과적일 수 있지만, 그러나 그것들은 대개 개념들로 표현되어 있다는 것과 어린이들은 개념적으로 사고하는 것이 아니라 구체적으로 사고한다는 것을 기억하라.

의자는 학습자당 한 의자면 충분하므로 반 전체 인원수보다 많이 놓을 필요가 없다. 어린이들은 여분의 의자를 필요로 하는 것이 아니라 공간을 필요로 한다. 만일 의자들이 디자인이나 크기가 다양하다면, 최소한 그것들을 같은 색으로 칠하고 그것들을 질서 있고 매력적인 방식으로 배열하라.

당신의 교실 주변을 걸어보아라. 당신은 다음의 것들 중 몇 가지를 보게 될 것이다.

- 깨끗한 창문과 밝은 커튼
- 천장에 달려 있는 조명의 밝은 빛
- 공부용 탁자들 주변에 말끔하게 놓여져 있는 조화되는 의자들
- 낮은 선반들과 흥미진진해 보이는 책들
- 학생들이 쉽게 접근할 수 있는 매력적인 미술 재료들
- 학습자들의 눈 높이에 맞게 걸려 있는 좋은 그림
- 말끔하게 정리 정돈된 문이 달린 물품 서랍

- 자라고 있는 것들, 즉 꽃과 덩굴식물 그리고 금붕어와 같은 것들
- 각각의 어린이를 위한 충분한 양의 상태가 좋은 크레용
- 각각의 교사를 위한 보관 장소
- 어린이들이 밖을 내다볼 수 있을 만큼 충분히 낮은 창문
- 아주 청결한 바닥, 즉 어린이들이 더럽게 되지 않을 만큼 충분히 청결한 바닥
- 최소한 두 주에 한번 다른 내용을 담은 눈 높이에 맞는 게시판
- 교사들을 위한 그림 철
- 부서 서기를 위한 책상
- 카세트나 CD플레이어
- 교실을 완벽하게 하기 위해 배치되어 있는 채색되어 있거나 끝손질이 되어진 잘 조율된 피아노

　어떤 사람들은 주일학교를, 서기들이 출석부를 모으러 다닐 때 발끝으로 홀을 걸어다니고 교사들이 자신들의 입에 손가락을 대고 "쉿-"이라고 말하는 조용한 건물로 생각한다. 그러나 많은 교실들은 웃음소리와 대화소리 그리고 여기저기 움직이는 학생들로 떠들썩하다.

학생들은 혼자 있을 때 가장 잘 배우는가? 아니면 활동을 통해 가장 잘 배우는가? 전통적으로는, 주일학교가 도서관처럼 조용했다. 그러나 현대 학생들은 말하면서 배우고 행하면서 배우며 상호 작용하면서 배운다. 그리고 그들은 활동적인 환경을 통해 배운다.

저명한 교육자였던 마크 홉킨스(Mark Hopkins)는 언젠가 이렇게 말했다. "학교는 통나무의 한쪽 끝 부분에서는 교사이고, 다른 쪽의 끝 부분에서는 학습자이다." 통나무는 교실을 말한다. 교실은 중요하다. 왜냐하면 그것은 가르침과 배움이 발생하는 환경이기 때문이다. 그러므로 당신의 교실이 "와서 하나님에 관해 배우라"라고 말하는 것을 확인하라.

## 23장

# 학생들을 그리스도께 인도하는 법

How to Lead Students to Christ

리(Lee)는 작은 주일학교에서 중학생을 가르쳤다. 한 주일학교 대회에 참석한 후에, 리는 자신이 소년들을 그리스도께 인도하는데 필요한 것들을 전부 행하고 있지 못하고 있다는 생각을 하게 되었다. 그는 한 세미나 리더가 한 주일학교의 중학생 반을 거론한 것을 회상했는데, 그 반 학생들은 일정한 원리를 근거로 복음을 받아들이고 그리스도인으로 변해가고 있었다. 리는 자신의 학생들에게는 그런 일이 없었다는 것을 알았다. 그래서 그는 세미나의 지도자들에게 도움을 청했다. 이 지도자들은 리와 함께 학생들이 그리스도를 영접하도록 기도하는 것을 돕는 여러 가지 방법을 나누었다.

## 바른 초점

주일학교의 목적은 다음과 같음을 기억하라.

- 학생들에게 다가가는 것.
- 학생들에게 하나님의 말씀을 가르치는 것.
- 학생들을 예수 그리스도께로 인도하여 따르게 하는 것.
- 학생들을 영적으로 돌보는 것.

주일학교의 초점은 복음전도(evangelism)라는 것을 잊지 않을 때, 모든 반들은 새로운 활력을 얻게 된다.

복음은 예수 그리스도의 좋은 소식을 말한다. 한 사람이 복음 메시지에 응답하기 위해서는 예수님이 죽으시고 장사된 바 되었다가 부활하셨다는 것을 인정하고 믿어야 한다(고전 15:1-4). 사람들이 구원을 얻을 수 있는 다른 메시지는 없다. 예수님은 "내가 곧 길이요 진리요 생명이니 나로 말미암지 않고는 아버지께로 올 자가 없느니라"(요 14:6)라고 말씀하셨다.

학생들을 그리스도께 인도하는 것은 두 사람을 소개시키고 친구가 되게 하기 위해 그들로 악수를 하게 하는 것만큼이나 쉽고 간단하다.

공적인 초청을 하라

주님을 믿고 구원을 얻도록 학생들을 초청하기 위해, 모든 학생들로 하여금 수업시간이 끝날 때 머리를 숙여 기도하게 하라. 그들이 기도할 때, 그들에게 다음의 구원의 계획을 따라하게 하라.

- 하나님은 우리를 사랑하십니다.
- 그리스도께서는 우리를 위해 죽으셨습니다.
- 예수님은 우리를 죄에서 구원해주십니다.

그들이 고개를 숙이고 있는 동안, 그들로 하여금 예수 그리스도를 그들의 마음에 영접하도록 격려하라. 그들로 하여금 그들이 기도하는 것을 당신이 도울 것을 알게 하라. 당신이 그들의 신앙을 밖으로 고백하도록 인도할 때, 그들로 하여금 마음 속 깊이 다음과 같이 기도하게 하라.

사랑의 주 예수님,

저는 주님께서 저의 마음속으로 들어오셔서

저의 주님이 되어 주시기를 원합니다.

저는 죄인입니다. 저의 죄를 용서하여 주옵소서.

저는 저의 죄로부터 돌이켜 주님께로 향하기 원합니다.

주님의 피로 저의 죄를 깨끗하게 하여 주옵소서.

저를 주님의 자녀로 삼아 주시고

저로 하여금 주님을 따르게 도와주옵소서.

예수님의 이름으로 기도합니다. 아멘.

## 학생들을 수업 후에 남게 하라

수업이 끝나갈 무렵, 구원을 얻기 원하는 학생들은 수업 후에 남아 복음에 관해 함께 이야기하자고 요청하라. 이때 나머지 모든 학생들은 밖으로 나가 서로 이야기를 나누라고 하라. 이렇게 남아 있는 사람들은 의도적인 결정을 한 것이다. 따라서, 당신은 구원의 계획을 자세히 살피고 예수 그리스도 안에서 성장하는 첫 번째 단계에 관해 그들과 함께 이야기를 나눌 수 있다. 어떤 교사들은 학생들로 하여금 교회에서 즉시 공적으로 신앙의 고백을 하게도 할 것이다(롬 10:9를 보라).

### 로마서가 말하는 구원의 길

우리는 예수 그리스도 당시에 여행자들이 로마의 길을 따라 걸었던 것처럼, 하늘에 이르는 하나님의 길을 따라야 한다. 종종 로마서가 말하는 구원의 길이 사용된다. 왜냐하면 성경의 한 책인 바울의 로마서에서 성경구절들을 선택했기 때문이다.

#### 1 단계: 당신의 필요를 알라

"모든 사람이 죄를 범하였으매 하나님의 영광에 이르지 못하더니"(롬 3:23). 우리가 다른 사람들에 비해 얼마나 착한가 하는 것은 별로 중요하지 않다. 우리가 거의 완전하다 할지라도, 우리는 여전히 완전에 대한 하나님의 거룩한 기준에는 미치지 못한다. 당신은 사람들에게 당신 또한 죄인이라는 사실을 주저함 없이 분명하게 말해야 한다. 왜냐하면 모든 사람이 죄를 범했기 때문이다.

#### 2 단계: 죄에 대한 형벌을 알라

"죄의 삯은 사망이요 하나님의 은사는 그리스도 예수 우리 주 안에 있는 영생이니라"(롬 6:23). 이것은 육신의 죽음과 영적 죽음 모두와 관계가 있다. 육신의 죽음은 인간의 몸(body)과 영(spirit)이 분리될 때 일어나며(약 2:26), 영적 죽음은 사람이 하나님으로부터 영원히 분리될 때 일어난다. 복음을 듣는 상대방에게, 당신은 죄인이기 때문에 구원을 받지 못하면 미래에 징벌이 기다리고 있다는 것을 상기시켜 주라.

### 3 단계: 하나님의 준비하심을 알라

"우리가 아직 죄인 되었을 때에 그리스도께서 우리를 위하여 죽으심으로 하나님께서 우리에게 대한 자기의 사랑을 확증하셨느니라"(롬 5:8). 죄의 삯은 사망이기 때문에, 그리스도께서 우리를 대신하여 죽으셨다. 그분은 우리의 죄를 위해 죽으셨다. 왜냐하면 우리는 우리의 죄 값을 치를 능력이 없기 때문이다. 학생들은 하나님의 이 준비하심의 이야기를 듣고 하나님의 영생의 선물을 받아들이거나 거부하게 된다. 그것은 학생들의 자유로운 선택에 달렸다.

### 4 단계: 응답하는 법을 알라

"네가 만일 네 입으로 예수를 주로 시인하며 또 하나님께서 그를 죽은 자 가운데서 살리신 것을 네 마음에 믿으면 구원을 얻으리니"(롬 10:9). 예수 그리스도를 믿는 것은 그를 영접하는 것을 말한다. "영접하는 자 곧 그 이름을 믿는 자들에게는 하나님의 자녀가 되는 권세를 주셨으니"(요 1:12).

### 5 단계: 결단하라

당신이 구원이 무엇인지를 설명한 후에, 학생은 단지 머리로만 아는 것에 그치지 않아야 한다. 결단을 위한 기회가 주어져야 한다. 학생에게 예수 그리스도께서 그의 삶 속으로 들어오시도록 간단히 기도하라고 요구하라.

### 4영리

학생들에게 물리적 원리(the physical laws)가 물리적 우주를 다스리듯이, 영적 원리(the spiritual laws)가 하나님과 우리의 영적 관계를 다스린다는 것을 설명하라.

첫 번째 법칙

하나님은 우리를 사랑하셔서 우리의 삶을 위한 놀라운 계획을 제공해 주신다. "하나님이 세상을 이처럼 사랑하사 독생자를 주셨으니 이는 저를 믿는 자마다 멸망치 않고 영생을 얻게 하려 하심이니라"(요 3:16).

두 번째 법칙

인간은 죄인이며 하나님으로부터 소외되어 있다. 그러므로 인간은 하나님의 사랑과 자신의 삶을 위한 그분의 계획을 알 수 없을 뿐만 아니라 경험할 수도 없다. "모든 사람이 죄를 범하였으매 하나님의 영광에 이르지 못하더니"(롬 3:23).

세 번째 법칙

예수 그리스도는 하나님께서 인간의 죄를 위해 준비하신 유일한 분이다. 그분을 통하여 우리는 하나님의 사랑과 우리의 삶을 위한 그분의 계획을 알고 경험할 수 있다. "그리스도께서 우리 죄를 위하여 죽으시고 장사 지낸바 되었다가 성경대로 사흘만에 다시 살아 나사 게바에게 보이시고 후에 열 두 제자에게와 그 후에 오백여 형제에게 일시에 보이셨나니"(고전 15:3-6).

### 네 번째 법칙

우리는 개인적으로 예수 그리스도를 구주와 주님으로 영접해야 한다. 그러면 우리는 하나님의 사랑과 우리의 삶을 위한 그분의 계획을 알 수 있고 경험할 수 있다. "너희가 그 은혜를 인하여 믿음으로 말미암아 구원을 얻었나니 이것이 너희에게서 난 것이 아니요 하나님의 선물이라 행위에서 난 것이 아니니 이는 누구든지 자랑치 못하게 함이니라"(엡 2:8-9).

### 복음 전도 폭발

복음 전도 폭발(evangelism explosion) 계획은 사람들을 그리스도께 인도하는 소개를 나타낸다. 그것은 사람을 죄인이라고 말하면서 시작하기보다는 먼저 죄의 결과를 제시한다. "만일 오늘밤 죽는다면 당신은 하늘에 가거나 하나님과 함께 있을 것이라고 확신합니까?"라고 물으면서 시작하라. 두 번째 질문은 "만일 오늘밤 죽어 하나님 앞에 서게 될 때 하나님께서 당신에게 '내가 왜 너를 내가 있는 곳으로 오게 했다고 생각하느냐?' 라고 묻는다면, 당신은 무엇이라고 대답하겠는가?"이다.

복음 전도 폭발 제시는 다음과 같다.

- 은혜: 하나님의 나라는 값없이 받게 되는 선물이다. 그러나
- 인간은 죄인이며 하나님께 나아갈 수 없다.
- 하나님은 자비롭기 때문에 우리를 벌하시기를 원치 않으신다. 하지만 그분은 또한 거룩하시기 때문에 죄를 벌하지 않을 수 없다.
- 그리스도 무한하신 하나님 아들은 우리에게 영원한 생명의 선물인 하나님의 나라를 얻게 하기 위해 죽으셨다.
- 믿음: 우리는 믿음으로 그 선물을 받게 된다.

## 어린이들에게 다가가기 위한 특별한 방법들

어린이들에게 복음을 전하기 위해 특별히 고안된 효과적인 도구들이 있다. 반을 가르칠 때 다음의 방법들을 고려하라.

글자 없는 책

　글자 없는 책(the wordless book)은 여러 해 동안 교사들이 아이들에게 구원의 계획을 제시하기 위해 사용해 온 것이다. 교사가 색종이로 그와 같은 책을 만드는 것은 쉬울 뿐만 아니라 오래 걸리지도 않는다. 실제로, 글자 없는 책에는 글자가 전혀 없다. 교사는 학생들과 함께 각 페이지에 대해 함께 나눌 때, 각각의 채색된 페이지와 그것의 영적 의미를 설명해야 한다.

- 1 페이지–짙은 갈색이나 검은색 또는 짙은 심홍색. 이 어 둔 페이지는 학생들에게 그들의 마음 안에 있는 죄의 어두움을 보이기 위해 사용된다(잠언 4:19를 보라). 우리가 잘못을 저질러 우리의 마음을 죄로 어둡게 만드는 것들에 관해 이야기하라. 죄의 삯은 사망이다(롬 6:23을 보라).
- 2 페이지–빨간색. 빨간 페이지는 하나님께서 어떻게 당신의 죄가 용서받을 수 있는 길을 내셨는지를 말한다. 하나님의 아들 예수 그리스도의 피가 모든 죄로부터 우리를 깨끗하게 한다는 것을 설명하라(요일 1:7을

보라).

- **3 페이지–흰색.** 학생들에게 그리스도께서 그들의 죄를 정하게 하실 때 그들의 마음은 흰눈 같이 희게 될 수 있음을 설명하라(사 1:18을 보라).
- **4 페이지–녹색.** 이 색은 성장과 생명을 나타낸다. 우리 가 예수 그리스도를 영접하면, 우리는 영원한 생명을 얻게 된다(요일 5:12-13을 보라).
- **5 페이지–금색.** 금색은 하늘 나라의 거리를 나타내며 우리는 거기에서 영원히 살게 된다는 것을 설명하라 (계 21:18을 보라).

여기에서 주의의 말 한 마디를 하는 것이 좋을 것 같다. 8 살 미만의 어린이들은 추상적인 사고가 아닌, 구체적인 사 고를 하기 때문에 상징적 표현을 그들이 이해할 수 있는 언어로 설명하는 것이 중요하다고 하는 것이다. 어린이들 은 어른들로부터 인정을 받고자 종종 의미를 모르면서도 어른들이 사용하는 말을 반복하기 때문에, 교사는 아이의 이해 수준을 알기 위해 언제나 질문을 던져야 한다. 예를 들면, "죄"나 "용서"와 같은 단어들은 다음과 같이 설명할 수 있다.

"**죄**": 이것은 훔치는 것, 속이는 것, 거짓말하는 것 그리고 예수 그리스도를 믿지 않는 것과 같이 잘못된 것을 하는 것을 나타내는 성경의 용어이다.

"**용서**": 하나님께서 우리를 용서하실 때, 그분은 우리와 그분 사이의 모든 것을 바르게 하신다.

## 하얀 심장

교사는 하얀 천을 오려서 심장 모양을 하나 만들어야 한다. 학생들 앞에서 하얀 심장을 붙잡은 다음, 그들이 하나님 나라에 가기 위해서는 그들의 심장이 깨끗하게 되어야 한다고 말하라. 교사는 죄에 대한 예를 들 때, 요오드 펜이나 펠트 펜(felt pen)으로 그 하얀 심장 위에 빨간색이나 보라색이나 검은색 혹은 갈색으로 얼룩이 지게 하라. 요오드나 잉크가 어떻게 심장을 더럽히는지를 보여라. 불순종, 거짓말, 도적질, 나쁜 것들을 생각하는 것과 같은 죄들을 언급하라. 요오드를 희게 하는 표백제가 들어 있는 그릇이나 잉크 얼룩을 제거하는 세제가 들어 있는 물그릇 안에 얼룩진 심장을 넣어 깨끗하게 씻음으로, 심장의 얼룩을 깨끗하게 하라. 예수 그리스도를 구주로 영접하는 것이 어떻게 우리의 모든 죄를 깨끗케 씻어 우리의 심장을 정결하고 흠이 없는 상태가 되게 하는지를 말하라.

## 복음의 손

복음의 손(the gospel hand)은 글자 없는 책과 마찬가지로 많이 사용된다. 복음의 손을 만들기 위해서 교사는 보통의 밝은 색 장갑을 잡고 유색의 펜으로 각 손가락의 지문을 색칠해야한다. 엄지손가락은 검은색으로, 집게손가락은 빨간색으로, 가운데 손가락은 하얀색으로, 약손가락은 녹색으로, 새끼손가락은 금색으로 색칠을 하면 된다.

## 결론

어른들을 대할 때에는 **4영리**, 복음전도 폭발 또는 로마서가 말하는 구원의 길을 사용하라. 그러나 어린이들은 다르게 이해하는 경향이 있다. 어린이들은 언제나 그리스도를 그들의 심장 속으로 들어오시도록 초청하는 유비(analogy)를 이해하는 것 같다. 그들에게 구원은 구세주이신 예수 그리스도와 관계가 있다는 것을 보여라. 만일 그들이 구원을 얻기 원한다면, 그들은 예수 그리스도를 그들의 심장 속으로 들어오시도록 요청해야 한다. "볼지어다 내가 문밖에 서서 두드리노니 누구든지 내 음성을 듣고 문을 열면 내가 그에게로 들어가 그로 더불어 먹고 그는 나로 더불어 먹으리라"(계 3:20). 어린이들에게 "먹는다"라는 말은 식사를 하거나 교제를 나누는 것을 의미한다고 설명하라. 우리가 그리스도께 우리의 마음속으로 들어오시도록 요청하면, 그분은 우리 안으로 오셔서 우리와 교제를 나누신다. 어린이가 자신의 고개를 숙일 때, 그로 하여금 마음을 다해 다음의 내용으로 기도하는 것을 도와라.

사랑의 주 예수님, 저의 심장 속으로 들어오셔서
저를 구원해 주옵소서. 저는 주님께서 저의 삶 속에서
사시기를 원합니다. 저의 생각과
저의 손과 저의 눈과 저의 입을 받아주옵소서.
저로 말미암아 주님의 삶을 살게 하시고
저를 다스려 주옵소서. 저를 도우사
주님의 영광을 위해 살 수 있는
그리스도인이 되게 하소서.
예수님의 이름으로 기도합니다. 아멘.

## 24장

# 반의 성장은
# 우정 전도를 통해 이루어진다

Growing a Class Comes Through Friendship Evangelism

대학 신입생으로서, 제리 폴웰(Jerry Falwell)은 주일학교의 한 반을 맡아 가르칠 수 있도록 허락해 달라고 한 지역교회의 주일학교장에게 요청했다. 그 때 청년 폴웰은 한 학생의 이름만 달랑 적힌 출석부를 받았다. 그 학생은 전에는 출석을 했지만 당시에는 잠시 쉬고 있는 어린 소년이었다. 폴웰은, 수업은 커튼 뒤쪽의 홀 끝에서 하라는 말을 들었다.

3주 동안, 청년 폴웰은 충실히 수업 준비를 하면서 자기반의 유일한 학생인 그 소년을 가르쳤다. 오직 한 사람을 가르치기 위해 열심을 낸다는 것은 쉬운 일이 아니었다. 그것에 대해 생각할수록, 폴웰은 자신이나 주일학교장이 실수를 한 것이라고 여겨졌다. 어느 주일 아침 수업을 마친 후에, 그는 "이 반은 별로 가망이 없는 것 같습니다"라고 말하면서 주일학교장에게 출석부를 건네주었다.

그 주일학교장은 이렇게 말했다. "나도 그렇게 생각합니다. 전에 나는 당신과 같은 대학 학생들을 여럿 보아 왔습니다. 나는 당신이 그 일을 하는데 필요한 것을 갖추고 있다고 생각하지 않았습니다. 그래서 일반 학급들 중 하나를 맡기지 않고 그 반을 맡긴 것입니다."

폴웰은 갑자기 속이 거북해지면서 화가 치밀어 올랐다. 그는 다른 사람이 그런 식으로 말하는 것을 좋아하지 않았다. 주일학교장이 손을 내밀어 출석부를 잡으려 할 때, 폴웰은 그것을 다시 잡아당기면서 이렇게 말했다. "그것은 교장선생님의 것이 아닙니다. 그 반은 저의 반입니다. 저는 저의 반을 성장시킬 수 있습니다."

그 주에 제리 폴웰은 점심시간의 대부분을 텅 빈 대학 강당에서 한 명뿐인 자신의 반 어린이와 자신을 위해 열심히 기도하면서 보냈다. 그는 자기 반을 성장시킬 수 있도록 도와달라고 하나님께 기도했다. 마음에 한 가지 목적만을 생각하면서, 토요일 아침 그는 자기 반의 유일한 학생인 그 어린 소년을 데리고 그의 친구들의 집으로 가서 그들을 주일학교로 초청했다. 그런 다음 그들은 토요일에 어린 소년들이 노는 지역 공원으로 가서 모든 어린이들을 주일학교에 오라고 초대했다. 다음 날, 새로운 소년들이 수업에 참석했다. 그 다음 토요일에도, 폴웰은 그런 과정을 되풀이했다. 새로운 소년들을 데리고 그들의 친구들을 찾아 나선 것이다. 매주 토요일은 반 학생들의 친구들을 주일학교에 초대하기 위해 그들을 방문하는데 바쳐졌다. 대학 1학년이 끝나갈 무렵, 54명의 어린 소년들이 그 반에 출석했고 주일학교장은 그들에게 일반 교실을 내주었다. 잘 알려진 목사요 텔레비전 설교자 겸 대학의 설립자로서, 제리 폴웰은 자신의 사역을 주일학교 반을 세우는 일로부터 시작했다.

## 우정 전도의 본질

주일학교 반을 성장시키는 가장 효과적인 방법들 중 하나는 네트워크(network)를 통하는 것이다. 우리 각자는 친구와 친척, 그리고 동료와 이웃을 연결하는 사회 네트워크의 일부분이다. 현재 우리 사회의 네트워크 안에 있는 많은 사람들은 그리스도인이 아니다. 북미의 일반적인 그리스도인은 최대한 그리스도와 개인적인 관계를 맺고 있지 않은 18명의 사람들을 알고 지낸다. 당신의 친구들을 그리스도께로 인도하는 첫 번째 단계는 그들이 그리스도인인지 아닌지를 확인하는 것이다. 주일학교 반을 세우는 가장 손쉬운 방법은 반 학생들로 하여금 그들의 친구들을 데리고 오게 하는 것이다.

때때로, 흔히 관계 전도(relationship evangelism)라고 불리는 우정 전도(friendship evangelism)는 우리가 사람들을 그리스도께로 인도하기 위해 사용할 수 있는 가장 효과적인 수단이다. 베드로가 처음에 고넬료의 집에서 복음을 선포할 때, 코넬료는 그가 말씀을 전하는 것을 듣도록 "일가와 가까운 친구들을 모아 기다리"(행 10:24)게 했다. 바울 또한 빌립보에서 이 방법을 사용했는데, 거기서 루디아(Lydia)가 회심했고, 그 후에 그녀의 가정이 그리스도께 인도함을 받았다(행 16:15을 보라). 빌립보 감옥의 간수와 그의 가정에도 같은 일이 일어났다(행 16:31을 보라). 로마에서도, 사도들이 거기에서 말씀을 전하기 전에, 바울은 이미 그리스도를 영접했던 가정들 중 최소한 다섯 가정을 알고 있었다

(롬 16:3-5, 10-11, 14-15을 보라).

우정 전도는 각 그리스도인을 그의 영향력이 미치는 곳에 있는 다른 사람들에게 이르는 열쇠로 본다. 성공적인 젊은 목회자들은 강한 청소년 사역을 세우는 최선의 방법은 젊은이들을 동원하여 그들의 학교 친구들을 그리스도께 인도하도록 하는 것이라는 것을 알고 있다. 어떤 새로운 교회가 신흥도시에 밀려드는 사람들에게 복음을 전하기 위해 이 방법을 사용하기 시작했다. 그 교회는 18개월 안에 120명에서 450명으로 교인이 늘어났다. 당신의 학생들로 하여금 개인적으로 자신들의 영향이 미치는 곳에 있는 그리스도를 구세주로 알지 못하는 사람들을 확인하도록 그들을 도와라. 그런 다음 그 친구들을 위해 기도하고 그들에게 다가가도록 동기를 부여하라.

## 씨를 뿌리기

잠시 시간을 내어 개인적으로 당신의 영향이 미치는 곳에 있는 사람들을 확인하라. 당신이 보이는 본은 학생들에게 도움이 될 것이다. 가족과 확대가족 그리고 혈연이나 결혼에 의해 당신과 관계를 맺고 있는 사람들과 함께 시작하라. 종이 위에 영적 도움을 필요로 하는 사람들의 이름을 써 보라. 다음으로, 당신의 동료들을 생각하라. 그들은 정기적으로 당신과 교제를 나누는 사람들을 포함한다. 당신의 목록은 직장이나 학교 동료들 또는 당신이 통근하고 물건을 구매하고 함께 운동하는 것과 같은 일상적인 활동들을 통해 정기적으로 만나는 사람들을 포함할 것이다. 그것은 또한 다양한 공동체 활동들-예를 들면, 부모 연합회(PTA), 정치 정당, 봉사 클럽 등-에서 상호적인 참여를 통해 알고 있는 사람들을 포함할 수 있다. 당신이 최대한 알고 있는 범위 내에서, 그리스도인이 아닌 사람들에 대한 당신의 목록에 그 이름들을 첨가하라.

이제 당신의 이웃을 보자. 당신이 직접 접하고 사는 공동체 안에서 살고 있는, 이름을 아는 사람들을 생각하면서, 당신이 최대한 알고 있는 한도 내에서 그리스도인이 아닌 사람들의 이름을 목록에 써넣어라.

당신의 친구들을 포함시키는 것을 잊지 말라. 이미 언급한 세 그룹 중 하나에 적합하지 않은 사람들이지만, 당신에게 중요할지도 모르는 사람들이 있을 것이다. 이런 친구들을 생각하면서, 당신이 최대한 아는 범위 내에서 당신의 교회의 사역을 필요로 하는 각 사람을 목록에 적어 넣어라.

그런 다음, 당신의 목록을 점검해 보라. 거기에 얼마나 많은 사람들이 있는가? 연구에 따르면, 한 사람이 오랜 기간 동안 그리스도인일수록, 그리고 그가 교회 사역에 더 많이 참여하면 할수록 구원을 얻지 못한 사람들의 목록이 더 적어진다고 한다. 이것은 주일학교 교사로서 당신의 목록은 아마도 당신의 학생들이 작성한 목록들보다 훨씬 더 짧을 것이라는 것을 의미한다. 그러나 이 목록은 한 주간 동안 목록에 있는 사람들을 위해 기도하다보면 더 많아지는 것을 경험하게 될 것이다. 하지만 그것은 이상한 일이 아니다. 왜 그런가? 하나님께서 당신이 포함시키는 것을 잊어버린 다른 사람들을 생각나게 하시기 때문이다. 아마 당신은 이미 당신의 목록에 더해질 필요가 있는 다른 이름을 생각하고 있을지도 모르겠다.

다음 주일 공과 시간에, 당신의 그룹으로 하여금 이 신약 방법인 우정 전도를 사용하여 다른 사람들을 그리스도께 인도하도록 도전해 보라. 예수님께서 어떻게 그의 제자들을 모으셨는지에 대해 설명함으로 시작하라(요 1:35-51을 보라). 세례 요한은 안드레와 요한에게 예수님을 소개했다. 안드레는 그의 형제 베드로를 데려왔고, 후에 요한은 그의 형제 야고보를 예수님께 데려왔다. 빌립은 그의 친구 나다나엘을 불러 그를 예수님께로 데려갔다. 실제로, 12명의 사도들 가운데 11명은 예수님을 만나기 전에 서로 간에 어느 정도의 사회적 관계나 사업 관계를 맺고 있었다는 증거들이 있다.

다음으로, 그룹 멤버들로 하여금 당신이 했던 과정을 예로 들어 설명하면서 개인적으로 영향을 주고 있는 영역들을 확인하게 하라. 그들에게 종이 위에 이름을 쓸 시간을 주라. 그들이 쓰기를 모두 마치면 그들의 목록을 다음 몇 주 동안 기도목록으로 사용하도록 격려하라. 언젠가 어떤 사람이 이렇게 말한 적이 있다. "우리는 하나님에 관해 사람들에게 말하기 전에 사람들에 관해 하나님께 말해야 한다." 당신은 모든 이름을 하나의 그룹 기도목록 안에 포함시키기를 원할지도 모른다.

당신의 학생들이 그들의 목록에 있는 사람들을 위해 기도할 때, 주님께서 열어주실, 즉 그들로 하여금 그들의 친구들과 복음을 나누게 하실 모든 기회에 주의를 게을리 하지 않도록 격려하라. 우리가 신앙 밖에 있는 사람들을 위해 기도할 때, 우리는 그들의 삶 속에서 역사하시고 그들에게 그리스도에 대한 그들의 필요를 보이도록 성령님을 초청하는 것이다. 성령께서 자신의 사역을 할 때, 우리는 우리의 일을 할 준비를 할 필요가 있다.

지금부터 약 6주 후에, 당신의 반을 위해 특별 친구 초청의 날(Friend Day)을 예정하라. 각 학생으로 하여금 그날 주일학교로 그들의 목록에 있는 사람들 중 최소한 한 사람을 데리고 오도록 격려하라. 뜻밖의 상황으로 인해 몇몇 친구들이 마지막 순간에 취소할지도 모른다는 것을 알기에, 대부분의 학생들은 동시에 몇 명의 친구들을 초청하기를 원할 것이다. 당신이 친구 초청의 날을 위해 준비하는 학과는 친구들로 하여금 서로를 더 잘 알도록 도와야 하며, 분명하게 복음을 제시하는 것을 포함해야 한다.

# 에필로그

당신은 이제 이 24가지의 "비결"을 읽었으므로, 그것들이 실제로는 비결이 아니라는 것을 확실히 이해할 것이다. 그것들은 바로 효과적인 교사들이 언제나 따라해 온 원리들이다. 교사들 가운데에는 이 원리들 중 다른 교사들이 했던 것보다 더 많은 원리를 따라했던 교사들이 있는가 하면, 그것들을 더 면밀하게 따라했던 교사들도 있다. 그러나 모든 것을 말하고 행한 후에, 만일 당신의 가르침이 학습자들에게 영향을 주는 것이 되게 하려면, 당신은 이 책에서 제안한 대부분의 원리를 따를 필요가 있다.

당신은 24가지 비결을 적용하는 법을 주의 깊게 관찰했으므로, 이제 나는 당신이 더 좋은 교사가 되기를 바란다. 그러나 약간의 향상이 있다고 해서 거기에서 멈추지 마라. 지금까지 통틀어서, 당신은 왜 가장 위대한 교사가 되는 것을 목표로 하지 않는가? 이 물음을 읽고서, 당신은 아마도 그 목표가 가능하지 않다고 생각할 것이다. 왜냐하면 가장 위대한 교사는 예수 그리스도이기 때문이다. 그 분은 우리의 모범이다.

그러므로 초점을 다시 맞추도록 하자. 당신은 (모든 학습자가 아닌) 한 학습자에게 가장 위대한 교사가 되는 것을 목표로 삼아라. 아마도 다른 모든 교사들이 당신에게 영향을 주었던 것보다 한 사람의 교사가 더 큰 영향을 주었던 것처럼, 당신은 한 학생의 삶에 같은 영향을 줄 수 있다. 바로 그 점을 생각하라. 당신은 학생이 배우게 될 모든 교사들 중에서 그의 삶에 가장 큰 영향을 주는, 다시 말해 다른 어떤 교사들보다 더 큰 영향을 주는 사람이 될 수 있다.

그것이 바로 효과적인 가르침이 의미하는 것이 아니겠는가? 즉, 한 학생으로 하여금 그가 될 수 있는 최고의 존재가 되도록 영향을 주는 것 말이다.

일단 당신이 한 영혼에 영향을 주는 것에 초점을 맞췄다면, 그 다음에는 당신이 가르치는 모든 학생들에게 영향을 주는 것을 목표로 삼아라. 그리고 당신이 하나님의 영광을 위해 그들의 삶을 변화시킬 때, 당신은 하나님이 원하시는 것을 행하고 있는 것이다.

하나님의 영광을 위해 당신이 적어도 한 생명에 영향을 주고자 노력할 때, 하나님께서 당신을 돕기를 바란다.